INTRODUÇÃO À TEORIA DA NORMA PENAL

SÉRIE ESTUDOS JURÍDICOS: TEORIA DO DIREITO E FORMAÇÃO PROFISSIONAL

Paulo Silas Filho

Rua Clara Vendramin, 58 . Mossunguê . Cep 81200-170 . Curitiba . PR . Brasil
Fone: (41) 2106-4170 . www.intersaberes.com . editora@intersaberes.com

Conselho editorial Dr. Alexandre Coutinho Pagliarini, Drª Elena Godoy, Dr. Neri dos Santos, Mª Maria Lúcia Sabatella ▪ **Editora-chefe** Lindsay Azambuja ▪ **Gerente editorial** Ariadne Nunes Wenger ▪ **Assistente editorial** Daniela Viroli Pereira Pinto ▪ **Preparação de originais** Fabrícia E. de Souza ▪ **Edição de texto** Letra & Língua Ltda. - ME, Monique Francis Fagundes Gonçalves ▪ **Capa** Luana Machado Amaro ▪ **Projeto gráfico** Mayra Yoshizawa ▪ **Diagramação** Charles L. da Silva ▪ **Equipe de design** Charles L. da Silva ▪ **Iconografia** Regina Claudia Cruz Prestes

Dados Internacionais de Catalogação na Publicação (CIP)
(Câmara Brasileira do Livro, SP, Brasil)

Taporosky Filho, Paulo Silas
 Introdução à teoria da norma penal / Paulo Silas Taporosky Filho. -- Curitiba, PR : Editora Intersaberes, 2023. -- (Série estudos jurídicos: teoria do direito e formação profissional)

 Bibliografia.
 ISBN 978-85-227-0617-4

 1. Direito penal 2. Direito penal – Leis e legislação – Brasil I. Título. II. Série.

23-152200   CDU-343(81)

Índices para catálogo sistemático:
1. Brasil : Direito penal   343(81)
 Eliane de Freitas Leite – Bibliotecária – CRB 8/8415

1ª edição, 2023.

Foi feito o depósito legal.

Informamos que é de inteira responsabilidade do autor a emissão de conceitos.

Nenhuma parte desta publicação poderá ser reproduzida por qualquer meio ou forma sem a prévia autorização da Editora InterSaberes.

A violação dos direitos autorais é crime estabelecido na Lei n. 9.610/1998 e punido pelo art. 184 do Código Penal.

1ª edição especial – capa dura

Sumário

11 ▪ *Apresentação*

13 ▪ *Introdução*

Capítulo 1

17 ▪ **Direito penal: apontamentos e características**

20 | Direito penal como ramo autônomo do direito

23 | Para que(m) serve o direito penal?

24 | Direito penal e sua função de proteção de bens jurídicos

27 | Sistema penal: notas concisas sobre seu desenvolvimento histórico

31 | Direito penal na contemporaneidade brasileira

Capítulo 2

33 ▪ **Princípios do direito penal**

35 | Princípio da legalidade

41 | Princípio da intervenção mínima

42 | Princípio da ofensividade

43 | Princípio da lesividade

45 | Princípio da individualização da pena

50 | Princípio da proporcionalidade

52 | Princípio da culpabilidade

56 | Princípio da intranscendência

57 | Princípio da adequação social

60 | Princípio da insignificância
63 | Princípio da humanidade

Capítulo 3
65 ▪ **Fontes do direito penal**

Capítulo 4
71 ▪ **Interpretação da lei penal**
74 | Interpretação da lei quanto ao sujeito
83 | Interpretação da lei quanto ao modo

Capítulo 5
91 ▪ **Conflito aparente de normas**
93 | Antinomia e seus critérios de resolução

Capítulo 6
101 ▪ **Hipóteses de consunção**
102 | Crime progressivo
104 | Progressão criminosa
105 | Antefato impunível
105 | Pós-fato impunível

Capítulo 7
107 ▪ **Lei penal no tempo**
109 | Regra geral
111 | Lei penal mais benéfica
113 | Lei penal mais grave
114 | *Abolitio criminis*
116 | Sucessão de leis penais

Capítulo 8
119 ▪ Lei penal no espaço
121 | Regra geral
122 | Territorialidade
125 | Extraterritorialidade

Capítulo 9
129 ▪ Noções gerais sobre norma penal e lei penal

Capítulo 10
135 ▪ Classificação das leis penais
136 | Leis penais incriminadoras
138 | Leis penais não incriminadoras
143 | Leis penais integrativas

Capítulo 11
145 ▪ Leis penais em branco e incompletas
146 | Leis penais em branco
150 | Leis penais incompletas

Capítulo 12
153 ▪ Outras disposições gerais sobre a lei penal
155 | Crime complexo
156 | Contagem de prazo e frações da pena
158 | Parte geral e parte especial do Código Penal e legislação esparsa

161 ▪ *Considerações finais*
163 ▪ *Referências*
167 ▪ *Sobre o autor*

*Para Larissa, que foi meus olhos
quando eu não podia ver.*

Apresentação

Nesta obra, buscamos oferecer ao leitor uma abordagem geral sobre a teoria da norma penal. Não temos o intuito, portanto, de fazer um aprofundamento denso e crítico (em que pese a crítica esteja aqui presente) a respeito das questões tantas que são aqui trabalhadas de forma pontual. Para isso, recomendamos a imersão nas bibliografias indicadas na lista ao final do livro, além de outras que merecem a leitura e podem ser pesquisadas por iniciativa do leitor.

Estabelecemos a estrutura desta obra de forma tópica, dividida em capítulos e subcapítulos em uma ordem pretensamente concatenada. Se o leitor comparar a divisão aqui feita com outras obras que tratam do mesmo tema, incluindo os manuais, encontrará semelhanças e diferenças nesse aspecto. Há concordâncias e discordâncias no âmbito acadêmico sobre em que categoria um ou outro instituto jurídico deve ser enquadrado – é o caso do critério da alternatividade, por exemplo, conforme veremos. Isso ocorre porque determinado posicionamento ou corrente doutrinária acolhida por um autor leva-o a ter certo ponto de vista sobre as categorias jurídicas com que trabalha ou porque o objetivo é deixar a exposição o mais didática possível. No caso da presente obra, o segundo motivo melhor explica a divisão realizada, pois optamos por uma ordem capitular a qual entendemos que melhor desenvolve o raciocínio sobre o tema em uma lógica de início, meio e fim.

É importante pontuar que não se trata de um manual ou de qualquer espécie de curso de direito penal. Temos um livro introdutório, que deve ser estudado e compreendido como uma apresentação geral da teoria da norma penal, servindo como um breve guia para os estudos sobre o tema e para dirimir dúvidas de pequena monta.

Boa leitura!

Introdução

Para prezarmos pela melhor didática e segundo aquilo que consideramos uma ordem mais adequada, dividimos este livro em 12 capítulos, e cada qual aborda os principais aspectos que dizem respeito às classificações e aos elementos da norma penal.

No Capítulo 1, definimos o direito penal como ramo autônomo do direito, especificando sua finalidade e como opera na sociedade brasileira atual.

No Capítulo 2, explanamos sobre o rol dos princípios e respectivos desdobramentos que constituem a base normativa do direito penal: legalidade, intervenção mínima, ofensividade, lesividade, individualização da pena, proporcionalidade, culpabilidade, intranscendência, adequação social, insignificância e humanidade.

Por sua vez, no Capítulo 3, analisamos as fontes do direito penal.

No Capítulo 4, discutimos a interpretação da lei penal, contemplando as formas quanto ao sujeito e quanto ao modo.

Em continuidade, no Capítulo 5, abordamos o fenômeno do conflito aparente de normas, evidenciando os critérios que resolvem a antinomia.

No Capítulo 6, explicamos as hipóteses de consunção, a saber: crime progressivo, progressão criminosa, antefato impunível e pós-fato impunível.

Sequencialmente, no Capítulo 7, comentamos brevemente sobre a regra e as exceções da lei penal no tempo.

No Capítulo 8, examinamos lei penal no espaço, com as questões da territorialidade e da extraterritorialidade.

Em seguida, no Capítulo 9, reunimos algumas noções gerais da norma penal para fazer a devida distinção em relação à lei penal.

No Capítulo 10, apresentamos a classificação das leis penais, especificando as espécies existentes: incriminadoras, não incriminadoras e integrativas.

No Capítulo 11, tratamos da lei penal em branco e da lei penal incompleta.

Finalmente, no Capítulo 12, selecionamos alguns elementos que não se encaixam nas classificações trabalhadas, mas que têm importância e, portanto, devem ser apresentados.

Sugerimos a leitura conjunta deste livro com um bom manual de direito penal (os que constam no referencial bibliográfico, por exemplo), a fim de que eventuais questionamentos que surjam possam ser de pronto consultados, além de possibilitar ao leitor o aprofundamento necessário da matéria.

Capítulo 1

Direito penal: apontamentos e características

Das características que determinam e estipulam aquilo que seria o próprio direito, sem prejuízo das discussões tantas sobre sua definição (afinal, o que é o direito?), podemos apontar o caráter imperativo como um dos principais aspectos. Essa autoridade que exprime uma ordem no campo jurídico pode ser compreendida como uma coerção legítima: por meio do direito, é possível suspender direitos das pessoas, bloquear e transferir bens e patrimônios, criar, delimitar e até mesmo extinguir situações e condições jurídicas e, ainda, restringir a liberdade das pessoas. Nesses casos, faz-se uso da força estatal, e os atos dela decorrentes, quando previstos, vigentes e válidos, são considerados legítimos mesmo quando em um sentido de coerção, pois têm respaldo no próprio direito.

No universo normativo que ampara o direito, várias são as previsões existentes que regulam as mais diversas situações da sociedade. Formas de contratar bens e serviços, questões a serem observadas em uma compra, constituição de uma família, criação e atos possíveis de uma empresa, tributos que devem ser pagos ao Estado, possibilidades de ação em um litígio, condutas proibidas sob pena de aplicação de multas ou restrição da liberdade, entre outras situações do cotidiano, presentes no dia a dia de todas as pessoas, recebem a atenção, devida e necessária, do direito, razão pela qual tudo aquilo de que é composta a realidade social tem sua previsão, direta ou indireta, no plano jurídico.

É possível perceber que algumas dessas situações se assemelham e outras se distanciam ao considerar aquilo de que se está tratando. Atrasar o pagamento da parcela do financiamento de um veículo é situação bem diferente do que bater em alguém. Ambas terão consequências no plano jurídico, mas a forma de tratar cada uma delas se diferencia. Assim, com vários outros exemplos possíveis, chamamos a atenção apenas para o fato de que é necessário dividir o direito em áreas, delimitando o campo que cada qual destas acaba por abarcar e regulamentar.

De forma geral, podemos conceituar *direito penal*, em um primeiro momento, sem prejuízo do necessário aprofundamento crítico nessa conceituação, como um conjunto de normas estabelecidas por lei que descrevem determinados comportamentos repelidos e não aceitos pela sociedade, os quais contam ainda com ameaças de reações repressivas ou medidas de segurança (Busato, 2015).

Neste capítulo, destacamos o direito penal como ramo autônomo do direito. Suas características são a previsão de um comportamento e de uma sanção correspondente (Gueiros; Japiassú, 2018). Com base nisso, estabelecemos o estudo da norma em seu próprio campo, sendo necessário apontar algumas de suas características para que a análise do aspecto normativo que o representa – a lei penal – seja melhor compreendido, tendo em vista que, como veremos, a seara penal se difere de forma bastante significativa das demais áreas, pois lida com a liberdade das pessoas.

> **Importante**
> As definições que o direito penal comporta podem ser variadas a depender do posicionamento ou da perspectiva lançada por quem o conceitua. Portanto, devemos levar em conta que há conceituações mais genéricas no âmbito da normatividade em que opera, bem como que existem conceituações mais críticas que consideram uma visão mais holística do direito penal.

— 1.1 —

Direito penal como ramo autônomo do direito

As áreas do direito dividem-se conforme as características que lhes são reconhecíveis. Ao se catalogar pontos em comum de atividades, atos, situações e previsões, forma-se um rol de eventos que podem ser reunidos e classificados em uma mesma área. É por assim ser que, ao olharmos para o direito civil, percebemos que os objetos sobre os quais se volta essa área do direito são, em geral, os direitos e as obrigações de ordem privada das pessoas, envolvendo o patrimônio e as relações das pessoas nesse sentido. Com o direito penal não é diferente, pois este abrange um ponto identificável que faz com que seja reconhecido como tal. Qual seria, ou melhor, quais seriam os pontos que identificam o direito penal?

Conforme veremos mais adiante, uma das formas de identificar, pela lei, quando se trata de direito penal é seu formato. A chamada *lei penal incriminadora* tem uma estrutura própria: na primeira parte, há a descrição de uma conduta proibida pelo Estado; na segunda parte, a sanção a ser aplicada contra a pessoa que descumprir o mandado proibitivo descrito na norma. Ao se deparar com uma redação legal que obedece a esse formato, podemos identificar a lei como parte do direito penal.

Mas isso não basta, pois, além de existirem outras formas de lei penal, essa descrição não responde o que faz do direito penal um ramo autônomo do direito — não apenas minimamente no plano formal. É preciso analisar, em seu conteúdo, as situações que legitimam esse ramo do direito no qual o braço do Estado é mais enérgico e violento e apresenta como consequência a restrição de um dos maiores bens do ser humano: a liberdade.

Precisamos ter em mente a necessária fixação de limites claramente estipulados e observáveis, sob pena de incorrer em um direito penal autoritário, que acaba por confundir elementos materiais com processuais, ensejando um sincretismo que fica à mercê do intérprete (Zaffaroni, 2007), solapando a base principiológica e legal bem delimitada que deve haver nesse ramo do direito.

Entre as funções declaradas do direito, fundamentadas em sua própria razão de existir, estão a de dirimir os conflitos entre as pessoas e a de proteger os direitos reconhecidos. Pelo direito, busca-se evitar que determinados atos sejam praticados pelas pessoas para, assim, assegurar direitos e não permitir que condutas lesivas se realizem. É nessa lógica que opera a já mencionada coerção legítima do direito, ou seja, o fato de atribuir uma consequência para aquele que descumpre uma proibição. No exemplo mencionado, do atraso no pagamento de um financiamento, há uma lesão de direito, a saber, o direito da financiadora em receber o valor que lhe é devido. Mas a situação em si não é de gravidade tamanha que justifique, por exemplo, restringir a liberdade do devedor. A questão se resolve no âmbito do direito civil, que tem legitimidade para tratar de situações como essa.

No entanto, em caso de agressão física, por exemplo, a conduta soa (e é) mais grave que a da inadimplência financeira, de modo que podemos concordar que a consequência também deve ser mais significativa. Entre o que podemos considerar como bens jurídicos relevantes estão a vida, a liberdade individual, a liberdade sexual, a integridade física, o patrimônio público e outros também dignos da tutela penal (Paschoal, 2015). Dessas questões, as consideradas mais graves recebem a atenção do direito penal, responsável pelo exercício do poder punitivo do Estado, tratando-se de um ramo do direito público que abrange o trato das ações consideradas delituosas cujas consequências sejam as sanções penais – que ensejam a restrição da liberdade da pessoa sancionada.

É necessário frisarmos que, conforme observaremos mais amiúde posteriormente, há um relacionamento estreito entre as leis penais e os princípios do direito penal, os quais regem as ciências criminais segundo os princípios basilares de todo o sistema – como é o caso dos princípios da dignidade da pessoa humana e do cumprimento do devido processo legal (Nucci, 2019).

— 1.2 —
Para que(m) serve o direito penal?

Em uma visão ingênua, poderíamos responder aos questionamentos *Para que serve o direito penal?* e *Para quem serve o direito penal?* de forma simplista e, assim, seguirmos em um estado confortável de ignorar os diversos problemas que o direito penal apresenta. Afirmar que o direito penal serve para evitar que crimes sejam praticados e para punir quem os pratica ou, ainda, que serve para quem o descumpre são formas fáceis de se responder à questão, mas que deixam pendentes diversas outras que residem sob os escombros dessa área que lida com a liberdade das pessoas. São modos insuficientes de lidar com a questão, portanto.

Não pretendemos fazer uma abordagem crítica da problemática do *para que(m) serve o direito penal*, com o questionamento da concepção do direito penal atual como um produto que indaga: de que(m) para que(m)? (Chaves Júnior; Oldoni, 2014), até mesmo por não se tratar da finalidade desta obra. Mas não podemos deixar de levar em conta que a problemática existe e que respostas ingênuas e simplistas merecem e devem ser problematizadas. Direito é exercício de poder, o qual é gerido por quem detém esse poder. Com o direito penal, que controla o exercício punitivo estatal, a complexidade aumenta. Acreditar que o direito penal opera e produz seus efeitos em todas as situações em que há descumprimento da norma penal, e que também é aplicado de forma igualitária para todas as pessoas, é postura ingênua que merece ser rechaçada, sob pena de ser seduzido pelo canto das sereias de Ulisses.

Um olhar crítico sobre o sistema penal é preciso, principalmente em tempos de descuidado aumento do *jus puniendi* estatal, o que acaba por colocar em xeque a ideia do direito penal como *ultima ratio*, relegando os princípios mais básicos do direito penal (Dissenha, 2013). As contribuições da criminologia, por exemplo, são salutares e merecem ser estudadas em paralelo à abordagem que realizamos sobre a norma penal, evitando que acreditemos que a faceta puramente formalista e normativista do direito dê conta da complexidade na qual está envolta a sociedade e seu sistema penal.

— 1.3 —

Direito penal e sua função de proteção de bens jurídicos

É necessário pontuarmos uma função para o direito penal. Por mais seja nossa pretensão estudar os aspectos teóricos da norma penal, certo é que a área do direito na qual se situa nosso objeto de análise precisa ter definida uma função. O próprio direito, em geral, costuma ter apontadas suas funções para justificar a razão de o ser. Estabelecer normas de conduta, pacificar os conflitos sociais e outras justificativas como essas costumam indicar as razões de existir do direito. Dado o recorte por áreas que mencionamos e o fato de o direito penal lidar com um dos bens mais caros à sociedade, a liberdade, é preciso termos bem definida a função dessa área.

Como em tantas questões, há pontos controvertidos sobre um mesmo tema, e a função do direito penal é um assunto que não apresenta uniformidade de pensamento por parte dos estudiosos. A depender da corrente filosófica, da escola doutrinária ou, até mesmo, da orientação jurisprudencial, a resposta sobre a função do direito penal pode variar.

Sem prejuízo dos cabíveis apontamentos críticos sobre a definição exposta, podemos dizer que a função do direito penal é a de exercer a proteção de bens jurídicos penalmente tuteláveis, o que significa dizer que seu objetivo é evitar que os chamados *bens jurídicos* sofram lesões, ou potenciais riscos, decorrentes de determinadas condutas proibidas pela norma penal. O bem jurídico constitui, portanto, a base tanto da estrutura quanto da interpretação dos tipos penais (Bittencourt, 2020). A finalidade do direito penal não deve estar unicamente na retribuição ou na prevenção dos crimes, mas sim na proteção daqueles bens jurídicos considerados relevantes para o convívio em sociedade (Paschoal, 2015). Assim, ao elencar um rol dos bens jurídicos mais dignos de proteção (tais como a vida, a integridade física e a dignidade sexual) por aquela que é a área mais incisiva do direito, com a expectativa da sanção penal correspondente à violação de determinada regra proibitiva, pretende-se que a pessoa não incorra na prática delituosa, garantindo o zelo pelo bem jurídico.

Claro que a definição clássica de função do direito penal comporta uma série de problemáticas. A pessoa que se volta para o crime não deixa de praticar o delito por receio da pena, conforme pode ser visto em estudos próprios da teoria da pena. Ainda assim, mesmo como justificativa formal, a definição que trouxemos serve para embasar as razões que legitimam o direito a agir com a restrição da liberdade daqueles que violam a norma penal.

Nesse contexto, consideramos o direito penal justificado como a necessária proteção a determinados bens jurídicos. É dessa forma que conduziremos nossos estudos dos temas que compõem a análise da norma penal, sem deixar de lado eventuais apontamentos críticos que podem e devem ser aprofundados posteriormente pelo leitor.

— 1.4 —
Sistema penal: notas concisas sobre seu desenvolvimento histórico

A seguir, veremos alguns breves traços do desenvolvimento do sistema penal no que diz respeito à pena. A ênfase nos breves traços é necessária por pelo menos dois motivos. O primeiro é que nosso estudo não se volta para o aspecto histórico do direito penal, até mesmo porque o tamanho desta obra não permite maior digressão sobre o tema. O segundo é o fato de que se costuma acreditar, quando da tratativa da parte histórica de qualquer instituto jurídico, que se pode compreender toda a complexidade da dinâmica de um estudo histórico em curtos tópicos de obras manualescas, como se isso fosse possível. Portanto, não faremos qualquer tipo de análise do Código de Hamurabi, do Código Penal do Império ou de qualquer outra legislação penal, uma vez que esse tipo de abordagem costumeira está longe de ser um estudo histórico do sistema penal.

Dito isso, afirmamos que o sistema penal nem sempre foi este que hoje temos. Sua evolução, que não necessariamente deve ser compreendida como progressista, ocorreu por vários rompimentos paradigmáticos, os quais podem ser divididos em direito penal da Antiguidade, direito penal da Idade Média, direito penal da Modernidade, com seu período reformador, e as escolas que então surgiram, como a clássica, a positiva e as demais que se estabeleceram a partir do século XX (Gueiros; Japiassú, 2018).

De forma bastante concisa, podemos dizer que as origens do sistema penal remetem a uma forma primitiva de vingança privada. Os conflitos penais, ora vistos como os exemplos mais clássicos possíveis (homicídio, estupro, roubo), situavam-se em uma forma de justiçamento de sangue, compreendendo o período totêmico dos clãs e das pré-civilizações constituídas. Não havia um sistema formal de resoluções de conflitos penais, cabendo às partes resolverem por conta própria seus litígios. Trata-se de um período em que a vingança privada prevalecia como resposta, o que dava origem a novos conflitos, uma vez que a parte ofendida, fosse ela a própria vítima, fosse sua família ou seu clã, entendia-se como a mais prejudicada, surgindo um novo afã por vingança, o que acarretava um ciclo vicioso de vingança sem fim. Assim, por tempos, o sistema punitivo se lastreou na justiça de sangue e na vingança familiar e, depois, evoluiu para compensações pecuniárias aplicadas para pôr fim ao conflito surgido com o delito.

Posteriormente, com a sociedade já mais bem organizada, constatou-se a necessidade de uma intervenção pretensamente imparcial para resolver esse tipo de conflito. Nasceu o Estado (nem sempre da forma como hoje o compreendemos) como o ente que atuava nos casos penais para resolvê-los, retirando das partes o direito de vingança. Nessa fase do sistema penal, foram estabelecidos diversos paradigmas, como o famoso dito "olho por olho, dente por dente" e o justiçamento divino. O período que compreende essa fase é longo e abrangente, e um de seus pontos altos são os suplícios, quando a pena era aplicada contra o corpo do transgressor — a restrição da liberdade era meramente temporária até que a verdadeira sanção fosse aplicada. O julgamento de Damiens, muito bem retratado por Foucault (1987), reproduz claramente a lógica que dava amparo aos suplícios, conforme podemos observar na passagem a seguir. Sugerimos ao leitor a consulta à fonte para um relato mais pormenorizado do caso em comento.

> [Damiens fora condenado a 2 de março de 1757], a pedir perdão publicamente diante da poria principal da Igreja de Paris [aonde devia ser] levado e acompanhado numa carroça, nu, de camisola, carregando uma tocha de cera acesa de duas libras; [em seguida], na dita carroça, na praça de Greve, e sobre um patíbulo que aí será erguido, atenazado nos mamilos, braços, coxas e barrigas das pernas, sua mão direita segurando a faca com que cometeu o dito parricídio, queimada com fogo de enxofre, e às partes em que será atenazado se aplicarão chumbo derretido, óleo fervente, piche em fogo, cera e enxofre derretidos conjuntamente, e a seguir seu corpo será puxado e desmembrado por quatro cavalos e seus membros e corpo consumidos ao fogo, reduzidos a cinzas, e suas cinzas lançadas ao vento.
>
> Finalmente foi esquartejado [relata a Gazette d'Amsterdam]. Essa última operação foi muito longa, porque os cavalos utilizados não estavam afeitos à tração; de modo que, em vez de quatro, foi preciso colocar seis; e como isso não bastasse, foi

necessário, para desmembrar as coxas do infeliz, cortar-lhe os nervos e retalhar-lhe as juntas. [...] (Foucault, 1987, p. 9)

Foi após o período humanista, o qual teve como principal propulsor dessa virada paradigmática o pensamento iluminista, que a lógica da punição mudou enfaticamente. O cárcere, até então ocupado pelos prisioneiros somente durante o tempo que aguardavam seu julgamento, passou a constituir a própria forma da sanção em si. É daí que temos hoje a restrição de liberdade como a sanção atribuída contra aqueles que transgridem a norma penal.

Por mais possamos constatar avanços no que diz respeito ao sistema penal, principalmente ao considerarmos os ideais iluministas hoje insculpidos nos princípios que norteiam o direito penal, é certo que ainda há muito a se melhorar, até mesmo porque a história do direito penal não é linear e sua evolução não pode ser considerada necessariamente um avanço no sentido estrito do termo. Basta olharmos para nossos presídios, verdadeiras masmorras medievais, para constatarmos o quanto ainda temos a avançar no assim chamado *sistema penal humanitário atual*.

— 1.5 —
Direito penal na contemporaneidade brasileira

Atualmente, tudo aquilo que diz respeito ao direito penal está previsto em leis próprias para tanto. Conforme veremos nos estudos dos princípios, nada há nem pode haver direito penal que esteja fora da legislação, além do fato de que os bens jurídicos tutelados por esse ramo do direito devem ter natureza de direito fundamental (Paschoal, 2015). Tudo o que diz respeito a essa matéria se encontra previamente estipulado em normas positivadas, o que já representa um grande avanço ao considerar o aspecto histórico do sistema punitivo.

A lei penal determina o limite do Estado na ação contra aquele que a transgride. Essa limitação é necessária, pois o poder punitivo tende ao arbítrio caso não tenha freios (Semer, 2014). Nesses limites, estão inclusas as formas de punição, as quais não podem ser desumanas, ou seja, cruéis, de banimento, de trabalhos forçados e de morte, veementemente proibidas no Brasil, conforme assegura a Constituição Federal. Para além da finalidade retributiva e preventiva da sanção que se aplica no âmbito do direito penal, dá-se, atualmente, importância à ressocialização do condenado (Gonçalves, 2019) – pelo menos conforme consta no discurso oficial do Estado. Os problemas que merecem enfoque atualmente no Brasil dizem respeito principalmente ao cárcere (já reconhecido como Estado de Coisa Inconstitucional pelo

Supremo Tribunal Federal na Arguição de Descumprimento de Preceito Fundamental n. 347), à aplicação equânime das sanções, aos processos de criminalização (sobretudo o secundário), ao respeito ao devido processo legal e a alguns outros que o estudo crítico do direito penal muito bem aponta. Por isso, existe uma necessidade que se evidencia para a construção segura e substanciosa de uma dogmática jurídico-penal, a fim de compensar os excessos da legislação penal (Gueiros; Japiassú, 2018). Novamente, alertamos que, por mais que analisemos a norma penal como um constructo sólido e coeso, muitas são suas vicissitudes e suas incongruências que exigem atenção.

Capítulo 2

Princípios do direito penal

Conforme adiantamos, tudo o que diz respeito ao direito penal deve estar previsto em lei e esculpe o princípio da legalidade. Há, porém, uma ordem abstrata que ampara, funda e estabelece limites que devem ser observados no aspecto legalista: a distinção entre regras e princípios na teoria do direito. Tanto as regras quanto os princípios são normas, diferenciando-se cada qual em sua estrutura. Neste capítulo, veremos os princípios norteadores do direito penal, os quais devem ser sempre observados quando da criação e da aplicação do direito penal.

A valorização e a supremacia dos princípios devem ser enaltecidas e lançadas como metas para a composição com as outras normas do sistema (Nucci, 2019). Os princípios do direito devem ter DNA constitucional (Streck, 2016), ou seja, sua criação não pode vir do nada, uma vez que deve sempre estar amparada em uma base normativa oriunda do próprio sistema jurídico da qual advém. É em razão disso que se justifica o dever de observância aos princípios. Por mais que possa o leitor encontrar algumas diferenças de nomenclaturas ou de quantidade dos princípios do direito penal, aqueles que apresentaremos são amparados na maior parte da doutrina, de modo que podemos considerá-los como verdadeiros balizadores do sistema penal.

Importante

Há de se ter uma conceituação bem estruturada acerca dos princípios, sob pena de incorrer no fenômeno que Lenio Streck chama de *principiologismo*, o qual ocorre quando há uma insuflada produção de princípios (pela doutrina e pela jurisprudência) sem normatividade que os ampare como tal.

— 2.1 —
Princípio da legalidade

Pode ser traduzido pela previsão constitucional, conforme estabelece o art. 5º, inciso XXXIX, da Constituição Federal: "não há crime sem lei anterior que o defina, nem pena sem prévia cominação legal" (Brasil, 1988). Encontramos também a previsão normativa desse princípio no art. 1º do Código Penal. A orientação imperativa que traz esse princípio é de que tudo em direito penal deve estar previsto em lei. Não podemos falar em proibição, crime ou sanção penal em qualquer hipótese que esteja fora do campo legislativo. Para haver segurança jurídica, que ampara tanto a pessoa quanto a sociedade, esse ramo do direito somente pode produzir seus efeitos quando prévia e formalmente previsto em lei, já que essa clareza antecipada constitui justamente uma forma de garantia de sua observância (Paschoal, 2015). Para melhor compreendermos a forma como se estrutura tal princípio, podemos dividi-lo em quatro aspectos, demonstrados na figura a seguir.

Figura 2.1 – Aspectos do princípio da legalidade

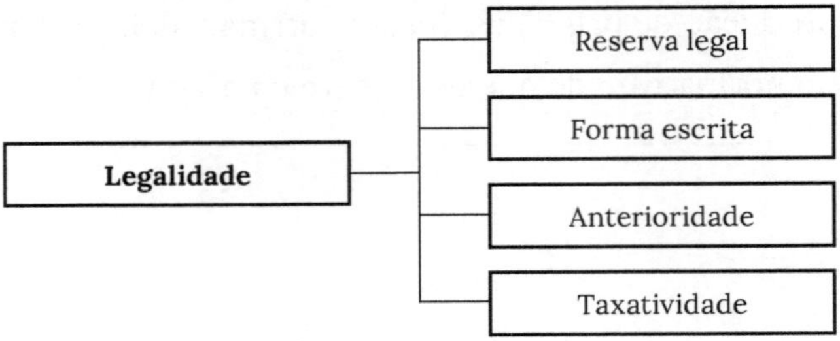

```
                  ┌── Reserva legal
                  │
                  ├── Forma escrita
   Legalidade ────┤
                  ├── Anterioridade
                  │
                  └── Taxatividade
```

A seguir, abordaremos cada um desses aspectos separadamente. Vejamos.

Princípio da reserva legal

Afirma que apenas a lei em sentido estrito pode criar crimes. Como o direito penal é a área que protege e pune com mais rigor a violação de bens jurídicos, sua previsão normativa somente pode ser dada se atender a certos critérios, entre os quais a forma de sua criação. A aprovação de lei pelo Congresso Nacional é pressuposto da tipificação de infrações penais (Gonçalves, 2019, p. 60).

Quando falamos em lei em sentido estrito, devemos entender a lei ordinária em seu aspecto formal, votada e promulgada pelo Congresso Nacional, tendo em vista o que prevê o art. 22, inciso I, da Constituição Federal, de que compete privativamente à União legislar sobre matéria penal. Não há forma outra de criar ou prever leis penais. Costumes, jurisprudência, entendimentos doutrinários e outras formas de interpretação do direito penal podem até auxiliar na compreensão e na condução dessa matéria, mas jamais criar qualquer tipo de crime. É por isso que, ao se falar em reserva legal, resguarda-se tão somente à lei ordinária essa possibilidade, ficando excluídas as legislações dos estados e dos municípios, os decretos do Executivo, os provimentos das secretarias, os regimentos dos tribunais, as portarias e quaisquer outras formas de lei de sentido *lato*. Em razão disso, nunca veremos uma lei penal válida apenas para determinada região. Não existem crimes municipais. A abrangência da lei penal é sempre nacional.

Assim, o que impõe tal princípio é a limitação do *jus puniendi* apenas às ações previstas como delitos na lei (Baratta, 2019), pelo que assim pode ser definido o princípio da reserva legal.

Princípio da forma escrita

Estipula que a lei deve sempre ser escrita. Se outrora na história a tradição da oralidade foi responsável por manter a cultura de muitos povos, atualmente, para que haja efetiva segurança jurídica, é necessário que as regras estatais estejam expressas por palavras. Isso confere às pessoas a possibilidade de consultar a legislação pertinente sempre que quiserem. O Código Penal prevê ser inescusável o desconhecimento da lei, o que significa dizer que ninguém pode eximir-se da culpa por ter praticado determinado crime em razão de desconhecer que aquele fato era um crime (salva a rara exceção do erro de proibição como excludente de culpabilidade). O direito, portanto, pressupõe o conhecimento de todos sobre suas proibições penais.

Tendo em vista esse pressuposto da ciência daquilo que é lícito e daquilo que não é lícito pela sociedade, o Estado deve dispor uma forma concreta de que esse conhecimento seja de fato factível. Sabemos que, pela nossa própria formação e pelo nosso situar em sociedade, o homicídio é crime, assim como sabemos que também é considerado crime o ato de roubar alguém. Esses dois exemplos, observado o princípio da forma escrita, estão descritos na lei, de modo que qualquer pessoa que faça a leitura dessas previsões tenha ali de modo expresso as condutas que o Estado proíbe, conforme observamos nos tipos penais que preveem esses crimes esculpidos no Código Penal.

Quadro 2.1 – Exemplos de crimes previstos no Código Penal

Crime	Artigo do Código Penal
Homicídio simples	"Art. 121. Matar alguém: [...]" (Brasil, 1940)
Roubo	"Art. 157. Subtrair coisa móvel alheia, para si ou para outrem, mediante grave ameaça ou violência a pessoa, ou depois de havê-la, por qualquer meio, reduzido à impossibilidade de resistência: [...]" (Brasil, 1940)

Não é admitido que se estabeleçam crimes, consequências ou suas majorações senão por meio de um instrumento normativo escrito (Tasse, 2018). Assim, de acordo com o princípio da forma escrita, todo e qualquer crime deve encontrar previsão legal de forma expressa e escrita.

Princípio da anterioridade

Pode ser traduzido pela sua previsão normativa expressa no inciso XXXIX do art. 5º da Constituição Federal, que prevê não poder existir pena sem prévia cominação legal, nem crime sem lei anterior. Com a mesma pretensão de se zelar pela segurança jurídica, somente o Estado pode considerar determinada conduta como criminosa quando já existir, anteriormente a essa conduta, uma lei que a tenha como tal. Inexiste, portanto, por mais grave, nociva ou inaceitável uma conduta, é a possibilidade de se considerar como crime a ação de alguém que não corresponda a uma lei penal.

Um exemplo do que se busca evitar com esse princípio é aquele que também é utilizado como o da vedação aos tribunais de exceção. O Tribunal de Nuremberg puniu, em seus julgamentos, alguns fatos que, à época de suas práticas, não encontravam cominação legal, o que foi justificado por pretensos embasamentos políticos e humanitários. Seja como for, na ótica do direito penal moderno, é proibido ao Estado punir fatos praticados antes da existência de uma lei que o capture como ilícito penal.

Conforme veremos no capítulo sobre a lei penal no tempo, o mandamento constitucional determina o que estipula esse princípio, tal como se observa na redação do art. 5º, inciso XL, da Constituição Federal: "a lei penal não retroagirá, salvo para beneficiar o réu" (Brasil, 1988). A função desse princípio é de garantir a previsibilidade das consequências jurídicas negativas com relação ao comportamento individual das pessoas (Baratta, 2019). Dessa forma, podemos entender o princípio da anterioridade como forma de vedação ao Estado de produzir efeitos da lei penal para momento anterior ao da existência da lei, ou seja, seus efeitos somente ocorrerão da sua promulgação em diante.

Princípio da taxatividade

Orienta a lei penal em um sentido sintático e semântico de sua previsão expressa. Por esse princípio, tem-se a eficácia conferida ao princípio da legalidade (Gonçalves, 2019). Todos os termos e todas as palavras que compreendem a lei penal são significativos e devem ser rigorosamente observados quando de sua interpretação e de sua aplicação. Nesse quesito, nada há para fora daquilo que está escrito, e a interpretação, conforme veremos posteriormente, encontra limites no que diz respeito a uma leitura expansiva.

O que difere, por exemplo, um rol taxativo de um rol exemplificativo é que neste permite-se a inclusão de outros elementos além daqueles listados em dada categoria; naquele inexiste tal possibilidade. Tomemos como exemplo uma lista de opções de alimentos para levar a uma festa americana, a qual contenha como opções doces, salgados, bolos e refrigerantes. Como a lista é exemplificativa, o convidado pode inovar e levar algum alimento não listado, o que será bem aceito pelos participantes da festa. Caso a lista seja taxativa, poderão ser levados somente alimentos que correspondam aos quatro itens da lista.

Tendo ciência do que configura a taxatividade, podemos compreender melhor o que esse conceito significa no âmbito penal. Portanto, apenas a descrição da conduta proibida na norma penal, nos limites dos termos que a compõem, é que pode ser considerada como prática delituosa. É vedada ao Estado qualquer espécie de aplicação de sanção por analogia, semelhança ou interpretação extensiva. A pena somente pode ser aplicada nas situações em que as condutas proibidas pela lei penal estejam previstas de maneira expressa com todas as indicações de seus elementos descritivos e normativos (Baratta, 2019). Desse modo, o princípio da taxatividade é a estrita observância da redação da lei penal.

— 2.2 —
Princípio da intervenção mínima

Como o direito penal é a área do direito cuja penalidade atribuída, em caso de inobservância da norma estatal, é aplicada com mais rigor, ela somente pode ser aplicada naqueles casos em que a violação ao bem jurídico é tamanha que se torna necessário fazer valer seus efeitos, ou seja, por ser o direito penal *ultima ratio*, só deve ser utilizado quando os demais ramos do direito não comportarem soluções satisfatórias (Gonçalves, 2019). O direito penal não pode importar-se com pequenices, ou seja, não compete a ele dirimir conflitos de pequena monta, de modo que apenas em situações de verdadeira necessidade é que terá espaço. No caso do descumprimento de uma cláusula prevista em um contrato cível, por exemplo, o próprio direito civil apresenta as sanções cabíveis que dão conta de resolver o problema. Seria irrazoável utilizar o direito penal como forma de solucionar um problema contratual.

Logo, ao direito penal compete apenas situações mais relevantes, elencando-se os bens jurídicos que necessitam de sua proteção. É em razão disso que o ordenamento jurídico prevê o princípio da intervenção mínima, pois é justamente pela força do sistema penal que ele tem cabimento residual, ou seja, para aquelas situações em que a aplicação de outras áreas do direito, tais como a cível e a administrativa, não comportam solução suficiente para o conflito. Diante dessa atuação residual, dizemos que o direito penal é *ultima ratio*, a última razão de ser devidamente justificada. Assim, ao serem selecionados justificadamente bens jurídicos que dependem da atuação do direito penal, somente com estes que é possível fazer valer os efeitos desse ramo do direito, tendo em vista que sua intervenção deve ser mínima.

— 2.3 —

Princípio da ofensividade

As ações proibidas pelo Estado na seara penal devem, efetivamente, ser nocivas para que se justifique a incidência da sanção. Essa nocividade é considerada quando se constata que determinado evento delituoso produz efeitos relevantes na violação ao bem jurídico.

A ofensividade está voltada para a conduta, ou seja, o agir humano que repercute ofendendo determinado bem jurídico. A ação deve ser potencialmente lesiva e apta a ensejar a repulsa social. Vale destacar que não podemos confundir essa repulsa com um sentido meramente moral, por isso é importante lembrarmos da sempre presente e importante discussão da filosofia do direito sobre a relação entre direito e moral.

Assim, o princípio da ofensividade tem por pretensão impedir que o modelo punitivo adotado pelo Estado tenha por base uma lógica meramente prevencionista, evitando punições antecipadas (Tasse, 2018). Nesse caso, a ofensividade refere-se a uma conduta reprovável segundo uma norma proibitiva do campo penal, excluindo-se ações insignificantes ou que não produzam um agir significativo com relação ao bem jurídico. Portanto, pelo princípio da ofensividade, somente podem ser consideradas crimes as condutas tipificadas na lei penal que efetivamente se traduzam em ofensa ao bem jurídico tutelado.

— 2.4 —
Princípio da lesividade

Diz respeito à necessidade de que o bem jurídico tenha sido lesionado para que se justifique a produção de efeitos do direito penal. Não basta que a pessoa apenas incorra em uma conduta reprovável contrária à norma penal para que se fale em crime; é preciso que essa ação resulte em uma verdadeira lesão ao que a norma tutela.

Para alguns especialistas, o posicionamento de que o princípio da lesividade não deve constituir-se como tal de forma autônoma, devendo ser analisado em conjunto com o princípio da ofensividade ou, ainda, com o da intervenção mínima, pois o que se costuma apontar como lesividade já estaria abarcado por esses dois princípios (Nucci, 2019). Nesta obra, optamos pela definição isolada do referido princípio, já que, por mais que seja decorrente da intervenção mínima, sua forma de operar ocorre de modo distinto e mais específico que os outros dois princípios.

A título de exemplo, podemos destacar aquilo que o crime de lesão corporal (art. 129 do Código Penal) tutela como bem jurídico. Conforme sedimentado pela doutrina e reconhecido expressamente na própria redação desse tipo penal, o bem jurídico tutelado no crime de lesão corporal é a integridade física. Pune-se, por esse crime, aquele que ofende a integridade física ou a saúde de qualquer pessoa. Se assim está previsto no tipo penal em questão, somente é possível falar na prática desse crime quando, de uma ação, decorrer efetiva ofensa à integridade da pessoa entendida como vítima. Portanto, uma agressão que não seja significativa a ponto de incutir na dita ofensa a integridade de outrem não pode ser considerada relevante para justificar qualquer sanção penal. Pensemos em um tapa inexpressível: ausência de marca, não causando dor ou qualquer espécie de sofrimento – nesse caso, não estará presente a condição de ofensa à integridade física, pelo que não terá sido afetado o referido bem jurídico, afastando-se a incidência da norma penal.

Logo, somente quando o bem jurídico foi de fato lesionado é que justificada estará a aplicação do direito penal. Mas não apenas isso. É que o direito, no âmbito de sua pretensão de proteger bens jurídicos, também considera como lesivas determinadas situações nas quais o bem jurídico é exposto a risco, ou seja, uma ação que repercuta na potencial expectativa de lesão ao bem jurídico pode ser concebida como criminosa. A norma penal encontra espaço, portanto, atendendo ao critério do princípio da lesividade, tanto nas situações em que a lesão se concretiza quanto naquelas em que o agir humano coloca em risco o bem jurídico tutelado. Podemos então dizer que, pelo princípio da lesividade, somente há crime quando existe risco ou efetiva lesão ao bem jurídico tutelado.

— 2.5 —
Princípio da individualização da pena

O princípio da igualdade anunciado pelo discurso oficial, que serviria como uma espécie de regra geral válida para o direito, no sentido de que a lei é aplicada de igual modo para todas as pessoas, é dimensionado pelo princípio da individualização da pena ao levar em conta as nuances de cada evento delituoso e de cada pessoa. Portanto, por mais que a lei deva valer de igual modo para todos (ideal este que já comporta por si próprio problematizações), também deve ser considerada a máxima de que cada caso é um caso. Um homicídio, por mais reprovável que seja em qualquer circunstância, tem causas, consequências e explicações diversas em cada situação em concreto. O que motiva um homicida que matou por ciúmes é diferente do que motiva o assassino de aluguel. Isso se verifica com relação a todo e qualquer crime, pois, por mais semelhantes que sejam as situações que envolvem uma mesma prática delituosa, há sempre nuances que nos levam a analisar cada caso como único.

Assim, o que estabelece o princípio da individualização da pena é que esta não deve ser padronizada, cabendo a cada pessoa que transgrediu a norma receber a penalidade na exata medida por aquilo que fez (Nucci, 2019). Ao considerar a necessidade de tratar cada situação delituosa como própria, o Estado leva em conta a individualização em pelo menos três momentos diferentes, conforme ilustra a imagem a seguir.

Figura 2.2 – Fases do princípio da individualização da pena

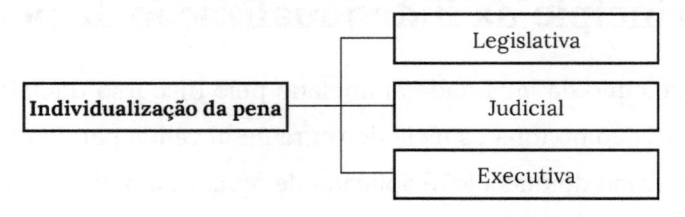

```
                              ┌─ Legislativa
Individualização da pena ─────┼─ Judicial
                              └─ Executiva
```

Agora, veremos separadamente cada uma dessas fases.

Fase legislativa

Nessa fase, para quantificar a penalidade correspondente à prática delituosa, leva-se em conta o evento criminoso considerado abstratamente. Isto é, o Estado considera a gravidade de um fato possível para quantificar a penalidade imposta. Quanto mais grave for a ação criminosa praticada pela pessoa, maior será a penalidade correspondente.

Chamamos de *fase legislativa* pelo fato de que a individualização é aplicada pelo legislador no momento da criação do tipo penal, quando estabelece, de modo abstrato, o mínimo e o máximo da pena (Nucci, 2019). A estrutura do tipo penal incriminador se divide em dois preceitos: o primeiro é aquele que expressa a conduta proibida; o segundo, aquele que contém a sanção correspondente. A individualização legislativa pode ser observada sempre no segundo preceito do tipo penal.

Podemos dizer com propriedade que um homicídio é mais grave do que uma lesão corporal. Pela lógica que ampara a fase legislativa do princípio da individualização da pena, a pena para o crime do homicídio deve ser maior do que a pena para o crime de lesão corporal. Analisemos o quadro comparativo desses dois crimes a seguir.

Quadro 2.2 – Comparação entre homicídio simples e lesão corporal

Homicídio simples	Lesão corporal
"Art. 121. Matar alguém: Pena – reclusão, de seis a vinte anos." (Brasil, 1940)	"Art. 129. Ofender a integridade corporal ou a saúde de outrem: Pena – detenção, de três meses a um ano." (Brasil, 1940)

Como podemos notar, a pena para o crime de homicídio simples é de 6 a 20 anos de reclusão; já a pena para o crime de lesão corporal é de 3 meses a 1 ano de detenção. Se compararmos a gravidade desses crimes com as penalidades correspondentes, respeitada está, nesse exemplo, a individualização da pena. Essa é a lógica que deve estar presente e conduzir o agir do legislador na criação de normas penais.

Fase judicial

Nessa fase, uma situação concreta é analisada e julgada para que o *quantum* da pena seja definido. É chamada de *fase judicial* porque ocorre quando um caso concreto é levado a julgamento por um magistrado, logo, todas as circunstâncias do crime devem ser consideradas para que a pena seja estipulada.

O primeiro critério norteador para quantificar a sanção é justamente aquele definido pelo legislador, assim o juiz deve levar em conta o mínimo e o máximo que pode ser aplicado. A operação dessa fase consiste, portanto, na definição de um *quantum* concreto entre esse mínimo e esse máximo, e compete ao julgador concretizar a pena na sentença penal condenatória (Nucci, 2019). O Código Penal traz várias circunstâncias de ordem pessoal e judicial que servem como instrumental ao juiz para definir a sanção aplicável, por exemplo, eventual confissão daquele que praticou o crime, a idade da vítima, as razões e os motivos do crime, entre tantas outras que constituem o caminho pelo qual o magistrado calcula a pena observando o sistema trifásico adotado no Brasil.

Os critérios que devem nortear a fase de individualização da pena estão previstos em lei, conforme podemos verificar no Código Penal:

> Art. 59. O juiz, atendendo à culpabilidade, aos antecedentes, à conduta social, à personalidade do agente, aos motivos, às circunstâncias e consequências do crime, bem como ao comportamento da vítima, estabelecerá, conforme seja necessário e suficiente para reprovação e prevenção do crime: [...] (Brasil, 1940)

Assim, quanto mais grave for considerada uma ação delituosa em específico, maior será a pena atribuída ao responsável pelo crime.

Fase executiva

Por fim, na fase executiva, leva-se em conta a forma como a pessoa que cometeu o crime e foi condenada cumprirá a sanção imposta. Via de regra, de modo resumido, podemos afirmar que os condenados cumprem as sanções em estabelecimentos penais fechados, semiabertos ou abertos; as penas restritivas de liberdade ainda podem ser substituídas por penas restritivas de direito.

Questões jurídicas e pessoais do condenado norteiam a forma possível de cumprimento da pena. Por exemplo, um condenado por crime grave e que já tenha antecedentes criminais provavelmente cumprirá a pena de forma diferente de um condenado por um crime mais ameno e que seja primário. Além disso, a forma de cumprimento da pena repercute em sua continuidade. Conforme o desenvolvimento do sentenciado, é possível reduzir a pena, alterar o regime de cumprimento, entre outras situações, a depender dos fatores que as justifiquem (Nucci, 2019). Na execução penal, alguns institutos jurídicos alteram, no transcurso do cumprimento da pena, a forma continuada desta. A progressão de regime, o fato de o condenado trabalhar ou estudar e situações outras são exemplos que individualizam a pena na fase executiva, modificando de maneira concreta a forma da sanção penal.

— 2.6 —
Princípio da proporcionalidade

Estabelece a exigência de um juízo de ponderação que considere a gravidade do fato e a gravidade da pena. É o princípio que indica a harmonia e a boa regulação de um sistema, abrangendo principalmente a questão das penas quando se trata do direito penal (Nucci, 2019). Logo, a pena que se atribui ao crime deve ser proporcional, e essa proporcionalidade é aquela que deve incidir entre o fato e a sanção estipulada, evitando-se excessos ou ausência de concretude — justamente o que exige o referido princípio.

Assim como no princípio da individualização da pena, constatamos a incidência do princípio da proporcionalidade em mais de um plano, a saber: fase legislativa, em que a previsão da pena deve ser proporcional ao crime cometido; e fase judicial, momento em que o juiz estabelece a pena concreta ao acusado, levando em conta que a penalidade deve ser proporcional à conduta efetivamente praticada e ao dano causado ao bem jurídico. Busca-se, assim, evitar excessos ou ausência de proteção ao bem jurídico, proibindo o excesso e refutando a proibição deficiente.

A proibição do excesso tem o objetivo de evitar punições desnecessárias ou desmedidas que não tenham a relevância concreta exigida pelo direito penal e é dirigida tanto para o legislador quanto para o julgador. Desse modo, não deve ocorrer desvaloração desmedida entre o fato e a sanção, seja nas hipóteses abstratas (na etapa de individualização no âmbito do legislador), seja nas hipóteses concretas (ao considerar a individualização da pena no âmbito do julgador). Por exemplo, seria desproporcional, violando, portanto, o princípio da proporcionalidade, se, para a prática do crime de lesão corporal simples (com a penalidade atualmente de 3 meses a 1 ano de detenção), fosse cominado o mesmo *quantum* da pena atribuída ao crime de homicídio (de 6 a 20 anos de reclusão). Logo, a pena atribuída ao crime deve ser sempre proporcional. É proibida qualquer espécie de punição excessiva.

Outra vertente que decorre do princípio da proporcionalidade é chamada de *proibição de proteção deficiente*, a qual, vale registrar, encontra certa resistência em alguns setores da doutrina. Pelo critério da proibição deficiente, considera-se que, se, por um lado, não pode ocorrer aplicação de uma pena que seja muito severa em relação à gravidade efetiva do delito, por outro, os bens jurídicos que merecem a tutela da norma penal não podem receber uma proteção deficitária do sistema penal. Há bens jurídicos, aqueles elencáveis como dignos de proteção da tutela penal, que não podem ficar ao arbítrio do Estado sem uma proteção efetiva – nesse caso, entendida como a penal, ou seja, uma previsão legal que considere como crime a conduta lesiva ao bem jurídico em questão. Em vista disso, a partir do momento em que há um sistema voltado também para a proteção de bens jurídicos, a previsão normativa na esfera penal para que ocorra tal proteção, via edição de lei penal que proíba a conduta lesiva de dado bem jurídico, é medida necessária a ser adotada pelo Estado, pois não é permitido que ocorra uma deficiência na prestação legislativa nesse sentido. Contudo, caso se considere esse desdobramento do princípio da proporcionalidade, podem ser encontradas barreiras instransponíveis em outros princípios, como no da legalidade, da culpabilidade, da intervenção mínima e outros (Nucci, 2019).

— 2.7 —
Princípio da culpabilidade

A culpabilidade é um dos princípios reitores do direito penal. Como estabelece uma das máximas do garantismo de Ferrajoli (2014, p. 91): *nulla poena sine culpa*, a culpabilidade funciona como elemento que mede a possibilidade de aplicação de pena à pessoa que incorre em determinada conduta ilícita. Somente haverá pena se houver culpa. Isso significa dizer que o direito penal deve avaliar a conduta do transgressor para determinar se, de fato, na ação existia efetiva ciência do significado da conduta bem como se quis ter agido daquela forma com a pessoa. Não há como atribuir a responsabilidade penal a alguém sem que a pessoa esteja dotada de culpa, por isso o princípio da culpabilidade é fundamentado no conhecimento, tanto real quanto possível, do tipo de injusto (Santos, 2012).

Diferentemente de outros ramos do direito, em direito penal a responsabilidade requer impreterivelmente a culpa. Por exemplo, no direito civil, existe o instituto da chamada *responsabilidade objetiva*, que é independente de culpa. Já no direito penal, com toda a sua estrutura e sua razão de ser, jamais existirá situação como essa.

Logo, o princípio da culpabilidade estabelece a impossibilidade da punição de alguém pela mera vinculação objetiva de sua atuação ao resultado desvalioso (Busato, 2015). Falar em culpabilidade em direito penal pode resultar na compreensão de mais de uma forma possível sobre esse princípio. Desse modo, é necessário estabelecermos pelo menos três distinções possíveis para evitar cairmos no aguilhão semântico de Dworkin (2014); para que saibamos do que estamos falando, precisamos explicar as divisões que o conceito comporta. Vejamos, a seguir, as três divisões do conceito de culpabilidade.

Culpabilidade como fundamento da pena

Neste caso, afastando-se a responsabilidade penal objetiva, exige-se que do ato decorra um resultado doloso ou, ao menos, culposo (Busato, 2015). Ora, a culpabilidade está presente como elemento do crime sob perspectiva própria quando exercido o juízo de reprovação sobre o agente na prática de um fato delituoso. É dizer que o indivíduo agiu em sentido contrário ao direito mesmo quando lhe era possível agir de modo diverso. O caráter de reprovabilidade, portanto, é ponderado nesse aspecto da culpabilidade. Logo, somente há culpa se a pessoa, ciente da ilicitude da conduta, com pleno dicernimento e com a possibilidade de agir de outra forma, mas ainda assim incorre na conduta proibida, opta deliberadamente por exercer a ação proibida.

Nesse sentido, *culpabilidade* é o juízo da reprovação que recai sobre o indivíduo que incorreu em uma conduta proibida pela norma penal, por isso deve responder por sua prática, arcando com as consequências da respectiva sanção penal cominada ao tipo penal transgredido.

Culpabilidade como elemento de determinação da pena

Na fase da dosimetria da pena, que é realizada pelo juiz quando da sentença, a culpabilidade aparece como uma das circunstâncias analisadas na primeira fase do cálculo da pena, ou seja, ao se estabelecer a sanção concreta ao indivíduo condenado pela prática de um crime, a culpabilidade como grau de reprovação aparece como um elemento a ser observado pelo magistrado.

Nesse caso, torna-se um parâmetro da pena, não podendo esta ser superior à culpa do agente (Busato, 2015). É o que observamos no dispositivo do Código Penal que trata da primeira fase da dosimetria da pena, já citado anteriormente:

> Art. 59. O juiz, atendendo à culpabilidade, aos antecedentes, à conduta social, à personalidade do agente, aos motivos, às circunstâncias e consequências do crime, bem como ao comportamento da vítima, estabelecerá, conforme seja necessário e suficiente para reprovação e prevenção do crime: [...] (Brasil, 1940)

Conforme podemos verificar, a culpabilidade ganha conotação um pouco diversa daquela quando a consideramos como fundamento da pena, uma vez que, no apontamento anterior, a ausência de culpabilidade acaba por afastar o próprio caráter criminoso da conduta; já neste caso, o juízo de reprovação acarreta agravamento ou minoração da pena, que não será afastada.

Culpabilidade como elemento de proibição da responsabilidade objetiva

Diferentemente do direito civil, em que a responsabilidade pontua que os pais respondem pelos atos dos filhos menores, assim como o empregador responde pelos atos de seus funcionários, no direito penal não existe responsabilidade penal objetiva. Neste caso, ninguém pode responder pelo resultado de algo para o qual não tenha contribuído, agindo com dolo ou culpa.

A responsabilidade em direito penal, portanto, é sempre subjetiva, de modo que, para que o agente possa ser punido, não basta a prática de determinado fato proibido pela norma penal; há de se ter a presença de dolo ou culpa nesse agir – é nesse sentido que a culpabilidade é entendida.

— 2.8 —
Princípio da intranscendência

Tem base normativa estampada no art. 5º, inciso XLV, da Constituição Federal: "nenhuma pena passará da pessoa do condenado" (Brasil, 1988). No princípio da culpabilidade, vimos que não há crime sem culpa; no princípio da intranscendência, a imputação penal somente pode ser direcionada àquele que incorreu na conduta delituosa, por consequência, a sanção penal só pode ser aplicada contra o transgressor.

Assim, o princípio da intranscendência limita a responsabilidade penal tão somente ao autor e partícipe do tipo penal (Santos, 2012). Isso significa dizer que a pena é direcionada a quem descumpriu a norma, e nenhum terceiro pode responder direta ou indiretamente pelo delito de outrem em hipótese alguma. Em outro contexto histórico, político e religioso, determinadas penalidades perduravam por mais de uma geração, como no regramento bíblico do Êxodo, em que a iniquidade dos pais era paga também por seus descendentes. A secularização e o direito penal moderno romperam com essa lógica, e responde pelo ato somente o responsável pela ação.

Os efeitos do cumprimento desse princípio são hoje bastante debatidos pelos setores mais críticos da doutrina e pelo saber criminológico. Tomemos, por exemplo, uma mãe de um filho de tenra idade a qual cumpre uma condenação com a restrição total de sua liberdade. Acaso a criança não acaba sofrendo indiretamente os efeitos da pena? São situações como essa que colocam em questionamento a estrita observância do princípio da intranscendência. Seja como for, considera-se que apenas o condenado deve responder pelo crime praticado.

— 2.9 —
Princípio da adequação social

O princípio da adequação social é utilizado para nortear a correta aplicação do direito penal no que diz respeito à sua contextualização histórico-social. Somente deve o legislador criminalizar condutas que sejam socialmente inadequadas (Gonçalves, 2019).

Podemos dizer que o direito sempre sai atrasado – o que não necessariamente é algo ruim. Por exemplo, o próprio direito penal somente aplica a sanção depois da prática de um ato proibido. Excetuado o universo da obra ficcional *Minory report*, não existe crime de pensamento; é punido apenas algo feito, forma esta necessária para a própria legitimação do direito penal.

Podemos ainda entender esse fenômeno com relação ao direito como um todo, no sentido de que essa área não consegue acompanhar de forma pareada todas as mudanças sociais. Novas formas de pensar, agir e se organizar trazem mudanças sociais, incutindo necessárias modificações ao próprio direito.

A razão de existir da norma penal deve estar sempre vinculada ao corpo social, e deve ser proibido pelo direito aquilo que a sociedade repele e, ao mesmo tempo, é digno de proteção da tutela penal. Conforme vimos, nem todos os bens jurídicos são elencáveis a essa tutela, cabendo a outras áreas do direito cuidar de bens que precisam de uma proteção não tão incisiva quanto a do direito penal. Não há como explicar de maneira objetiva as razões que motivam essas mudanças, mas é certo que elas ocorrem. Tomemos como exemplo o crime de *revenge porn*, atualmente capitulado no art. 218-C do Código Penal. Esse crime só se tornou lei no ano de 2018, quando alguns setores da sociedade chamaram a atenção para a necessidade de essa prática ser considerada ilícito penal. O inverso desse fenômeno também pode acontecer, como é o caso do adultério, que deixou de ser considerado crime no ano de 2005.

Logo, a criminalização de determinada conduta deve ser analisada também sob a ótica de a proibição não se ajustar à sociedade, a fim de que siga em pleno desenvolvimento. Contextos sociais mudam, e não necessariamente as regras proibitivas se alteram em um mesmo direcionamento no sistema penal. Uma conduta considerada nociva hoje pode não ser assim compreendida futuramente e vice-versa.

O princípio da adequação social diz respeito à necessidade de se afastar o caráter criminoso de determinada conduta quando esta não mais encontrar qualquer amparo justificável na sociedade. Não se trata de meramente, por costume, tolerar determinados comportamentos proibidos pela norma penal, assim como não se deve ser complacente com aquele que incorre na conduta vedada pelo Estado. Corresponde, sim, a uma alteração social muito mais significativa a ponto de afastar o caráter ilícito de determinada conduta.

É inaceitável que se tenha a previsão de um crime relacionado a um comportamento presente na sociedade com normalidade real; nessa situação, o que se tem é uma imposição ao intérprete para reconhecer a ausência da tipicidade penal (Tasse, 2018). A conduta adequada socialmente, para fins de incidência desse princípio, deve estar efetivamente incorporada como um valor normal da sociedade, de modo que não está a se falar de mera tolerância de comportamento, mas da superação dessa etapa costumeira, impondo-se o afastamento do caráter ilícito penal da conduta em questão. Portanto, o princípio da adequação social analisa se certa conduta ainda tem caráter ilícito na sociedade em cuja norma proibitiva está inserida, o que acarreta a exclusão do caráter criminoso caso não haja consonância nessa justificativa.

— 2.10 —
Princípio da insignificância

De acordo com o que vimos nos princípios da ofensividade, da lesividade e da intervenção mínima, o direito penal não deve ater-se a pequenices. Somente situações que clamam a intervenção do braço estatal na seara penal é que devem ser tratadas por esse ramo do direito. Condutas inexpressivas, irrelevantes ou, ainda, insignificantes não comportam a intervenção do direito penal.

O princípio da insignificância orienta e resolve situações que, por mais que encontrem uma proibição no campo formal, são tão inexpressivas que não necessitam da proteção penal. Portanto, existem condutas que formalmente são tidas como crimes, mas que, em uma análise factual, ou material, não podem assim ser consideradas, pois são insignificantes.

Na teoria geral do crime, dividimos a tipicidade em formal e material: a primeira é a conduta que corresponde à descrição no campo típico normativo; a segunda refere-se ao contexto fático, ponderando-se a ofensividade da conduta e a efetiva lesão ao bem jurídico tutelado. A insignificância se enquadra no campo da tipicidade material, pois, ao se analisar a conduta, é possível observar se estão presentes a ofensividade da ação e/ou a lesividade como consequência. O princípio da insignificância estabelece que aquelas ofensas muito pouco impactantes aos bens jurídicos tutelados não podem servir como base para a condenação de quem as pratica, impedindo-se o exercício do *jus puniendi* (Tasse, 2018). Tomemos como exemplo a situação em que uma pessoa adentre o supermercado e furtivamente subtraia um sabonete. Não houve outra consequência além da subtração do objeto. No campo formal, essa conduta tem previsão legal e é enquadrada como crime de furto, conforme capitulado no art. 155 do Código Penal:

> **Furto**
>
> Art. 155. Subtrair, para si ou para outrem, coisa alheia móvel:
>
> Pena – reclusão, de um a quatro anos, e multa. (Brasil, 1940, grifo do original)

Formalmente, poderíamos dizer que a pessoa que subtraiu o sabonete incorreu no crime de furto. No entanto, com base em todos os princípios que até aqui abordamos, não poderíamos questionar o cabimento do direito penal para uma situação de pouca expressividade como essa? É em razão disso que, não apenas no campo formal, devemos analisar as condutas típicas. Aquilo que a doutrina costuma chamar de *subsunção do fato à norma*, além de controverso e, ousamos dizer, equivocado, pois não dá conta do complexo fenômeno de imputação penal, é insuficiente para atender aos critérios estabelecidos pelos princípios que erigem o sistema penal. Falta algo, e esse algo é encontrado na análise fático-principiológica.

Desse modo, o princípio da insignificância afasta a tipicidade material da conduta e, consequentemente, anula seu caráter criminoso. No nosso exemplo, não havendo maiores repercussões ou circunstâncias prejudiciais, não poderíamos dizer que a pessoa que subtraiu o sabonete cometeu crime, pois sua conduta é insignificante.

Esse princípio deve respeitar três requisitos — o valor do bem jurídico em termos concretos; a lesão ao bem jurídico em visão global; os bens jurídicos imateriais de expressivo valor social (Nucci, 2019) —, para evitar a discricionariedade operante na aplicação do princípio da insignificância. Claro que a aplicação do referido princípio sempre depende da efetiva e acurada análise do caso concreto, a fim de analisar se é ou não caso de sua incidência. Contudo, o estabelecimento de uma definição mínima do que são esses critérios é salutar para o sistema penal, a fim de evitar rompantes quanto à aplicação desse princípio.

Segundo o Supremo Tribunal Federal (STF), temos hoje quatro critérios que devem ser observados para que possamos falar na incidência do princípio da insignificância. Não deixam de ser relevantes e necessárias eventuais críticas a esses critérios, mas é inegável que eles estabelecem ao menos um norte para a aplicação do referido princípio. São estes:

- mínima ofensividade da conduta do agente;
- nenhuma periculosidade social da ação;
- reduzido grau de reprovabilidade do comportamento;
- inexpressividade da lesão jurídica.

De todo modo, o que deve conduzir a observação e a eventual aplicação do princípio da insignificância é a sua base principiológica, analisando se materialmente existe violação ao bem jurídico tutelado a ponto de justificar a incidência da lei penal no caso concreto.

— 2.11 —
Princípio da humanidade

Este princípio tem em si uma justificativa progressista e humanitária com relação às sanções penais. Conforme vimos no breve desenvolvimento histórico do direito penal, muito se evoluiu no sistema penal ao se considerar as penalidades aplicáveis apenas aos transgressores da norma; outrora os suplícios, hoje a restrição de liberdade pretensamente humanitária.

O princípio da humanidade tem fundamento constitucional expresso. Estabelece o art. 5º da Constituição Federal, em seu inciso XLVII, a restrição a algumas penas no Brasil, o que significa dizer que há sanções completamente vedadas pelo ordenamento jurídico brasileiro, a saber: pena de morte (salvo em caso de guerra declarada); pena de caráter perpétuo; trabalhos forçados; banimento; penas cruéis. Logo, tal princípio não apenas significa a vedação das espécies de sanção previstas constitucionalmente, mas também preconiza que a pena deve ter caráter humanitário.

Nesse ponto, não há como deixar de fazer uma ponderação crítica: falar em humanidade e em direito penal em uma mesma frase é praticamente um contrassenso, uma vez que nem por suas razões justificantes, nem ao considerar sua forma de aplicação podemos encontrar qualquer resquício de humanidade nesse ramo do direito. Por mais que a Constituição vede a crueldade nas penas, a sanção penal é cruel. Cruel para o infrator, cruel para a vítima, cruel para a sociedade, em nada resolvendo o conflito no qual opera o direito penal. Não basta apontar a humanidade como um princípio norteador do direito penal, é essencial fazê-la valer, de modo que a vedação das penas cruéis deve se tornar de fato uma realidade no Brasil (Nucci, 2019) – algo que está bem longe de ser alcançado. Em nosso país, a pena não recupera o indivíduo, não traz a prometida paz social e não acalenta o espírito da vítima. Podemos dizer que o princípio da humanidade está mais para uma das tantas ficções jurídicas do que para qualquer instituto justificante do direito penal.

Capítulo 3

Fontes do direito penal

Por *fontes do direito penal* devemos entender de onde se emana o *jus puniendi*, ou seja, onde está prevista e legitimada a razão que dá o fundamento, formal e material, para que esse ramo do direito possa ser aplicado. As fontes podem ser consideradas as origens da norma (Gonçalves, 2019). São a base da legitimidade do direito penal, em que a operação de sua estrutura se baseia, e da constituição na forma da lei penal até a produção de seus efeitos mediante a restrição da liberdade da pessoa que transgride a norma.

Podemos ainda estabelecer uma distinção entre os diversos entendimentos de fontes do direito penal. Em uma primeira forma de se compreender o tema, falamos em fontes de produção do direito penal; em uma segunda, na compreensão como fontes de conhecimento. Na primeira, a preocupação reside na origem da norma penal, que produzirá seus efeitos na sociedade que abrange. Na segunda, leva-se em conta o meio pelo qual se compreende a própria norma penal ou, melhor dizendo, o instrumento de que o sistema se utiliza para que o direito penal seja efetivamente conhecido por todos aqueles que compõem o nicho social em que a norma penal está inserida.

No que diz respeito às **fontes de produção**, podemos defini-las como o lugar de procedência da norma penal. É de onde se emana a norma penal. Conforme já destacamos na abordagem dos princípios do direito penal, sua única fonte de produção é o Estado. Somente ao Estado, formalmente constituído (no sentido clássico, como ente formado por povo, território e governo e que se constitui em três poderes harmônicos e independentes entre si, a saber, o Judiciário, o Executivo e o Legislativo), incumbe a criação da norma penal. Apenas a União, por intermédio do Legislativo, pode estabelecer o que é crime, valendo-se da lei (em sentido estrito) para que assim o seja. A própria Constituição Federal define o Estado como a fonte de produção do direito penal, de acordo com a previsão legal constante em seu art. 22, inciso I. Assim, por fonte de produção do direito penal devemos entender que apenas o Estado, no plano legislativo, é o ente legitimado a criar condutas proibidas no campo normativo penal aptas a produzir seus efeitos do *jus puniendi*.

Algo diverso ocorre quando se trata das **fontes de conhecimento** do direito penal, pois, nesse caso, lidamos com a forma pela qual o Estado posibilita o conhecimento sobre aquilo que é vedado na seara penal. Como sabemos o que é lícito e o que é ilícito no campo penal? Qual é o método empregado para descobrir ou verificar se determinada conduta é considerada crime em nosso país? É com a consulta às fontes de conhecimento do direito penal que podemos encontrar as respostas para essas perguntas. A fonte de conhecimento do direito penal abrange o meio pelo qual a norma penal deve ser assim compreendida por aqueles a que se destina. Nesse sentido, a única fonte de conhecimento é a lei, pois é por meio dela que se proíbe a prática de determinadas condutas, com a ameaça da pena imposta em caso de inobservância. Pela leitura dos dispositivos penais, tomamos ciência daquilo que o Estado proíbe.

Por exemplo, ao lermos o art. 121 do Código Penal, observamos que a conduta de matar alguém é apenada com uma sanção correspondente à sua prática, pelo que sabemos que o homicídio é conduta vedada pelo Estado na seara penal. O ato de matar alguém é considerado crime pelo fato de existir uma norma escrita que prevê essa conduta como criminosa. Mas não apenas pela consulta à lei é possível conhecer o caráter ilícito penal de determinadas ações. A maioria das pessoas sabe que matar, roubar e praticar atos de corrupção figuram como crimes mesmo sem nunca terem lido um texto de lei. O Estado pressupõe o conhecimento de ações proibidas pelo próprio viver em sociedade, chegando inclusive a declarar expressamente ser inescusável o desconhecimento da lei (conforme art. 21 do Código Penal).

Por assim ser, podemos fazer uma diferenciação no que diz respeito às fontes de conhecimento do direito penal: fontes mediatas e fontes imediatas. A lei, em sentido lato, pode ser entendida como **fonte imediata** de conhecimento do direito penal. É ao conhecer a lei, posta como escrita e positivada (segundo o princípio da legalidade e seus desdobramentos possíveis), que temos conhecimento acerca da proibição de uma conduta. A lei tem exclusividade para definir as condutas proibidas pelo Estado, e estas, em seu modo formal (lei escrita), são levadas ao conhecimento das pessoas. Em termos gerais, podemos reconhecer as seguintes fontes de produção normativa: Constituição Federal, tratados, convenções, leis, analogias, costumes, jurisprudência e princípios gerais do direito (Gueiros; Japiassú, 2018).

Já ao tratarmos de **fonte mediata** de conhecimento do direito penal, devemos entender a existência de outras espécies de normas que compõem o âmbito jurídico, tais como costumes e princípios gerais do direito. Estes são fontes mediatas por não terem força normativa suficiente para criar ou afastar leis penais, uma vez que, conforme observamos nos princípios, somente a lei em sentido estrito é instrumento apto para criar condutas proibidas de caráter penal. Assim, por mais que o costume não revogue a lei, serve para integrá-la (Gonçalves, 2019). Ao considerarmos justamente a regrativa da reserva legal, os costumes, desde que entendidos como tal, e os princípios gerais do direito (com todas as críticas cabíveis a essa espécie principiológica) podem meramente fazer com que o Estado repense posturas legais e reveja condutas que deveriam ou não ser consideradas como criminosas pela lei penal. De certo modo, é a gênese que enseja o princípio da adequação social.

Importante

As fontes do direito penal devem ser estritamente observadas, principalmente no âmbito da aplicação da lei penal ao caso concreto, ou seja, quando da decisão judicial posta ao evento delituoso. A partir dessa decisão, os efeitos da penalidade contra a pessoa ocorrem e, nesse caso, não podem ser permitidas quaisquer outras fontes que não aquelas formalmente estabelecidas.

Capítulo 4

Interpretação da lei penal

A interpretação da lei penal é matéria de grande relevo nos estudos da norma penal, e sua compreensão e sua aplicação operam com a mesma ênfase no campo teórico e no campo prático. Não que teoria e prática possam ser divididas sob um aspecto dualista, pois um depende de outro para subsistir, mas ao mesmo tempo é inegável que, por vezes, a distância entre esses dois polos é gritante. Basta fazer um comparativo entre os princípios que norteiam o direito penal e as consequências de ordem prática da instrumentalização desse ramo do direito para constatarmos a discrepância existente entre teoria e prática.

Portanto, a interpretação da lei penal pode ser definida como a atividade que objetiva buscar o significado e o alcance da norma penal (Gonçalves, 2019). A forma como a lei deve ser compreendida e interpretada (nessa ordem, conforme a hermenêutica filosófica) é de significativa importância, pois é com base em seu efetivo entendimento que seus efeitos serão produzidos.

As leis positivas são sempre formuladas em termos gerais (Friede, 2015), fazendo-se necessário estabelecer um sentido de sua regra positiva para que adequadamente se efetive a interpretação de acordo com a aplicação no caso concreto. Dada a forma escrita pela qual a lei se apresenta, é possível que um mesmo texto gere mais de uma interpretação – a depender dos pontos de vista possíveis daqueles que lidam com a operacionalização do direito penal. À interpretação da lei penal, não cabe o arbítrio da subjetividade, por isso é necessário um instrumento que estabeleça as diretrizes com base nas quais é possível fazer essa interpretação. O direito penal não pode comportar meros pontos de vista desamparados de qualquer sustentáculo legítimo, assim como não há espaço para opiniões gerais. É necessária, portanto, uma ferramenta concreta e coesa que possibilite a justa aplicação da lei, sob pena de, no dizer de Streck (2017), qualquer pessoa dizer qualquer coisa sobre qualquer coisa. Interpretar o que está escrito é tema caro para qualquer disciplina.

Disciplinas como história, letras e filosofia têm suas próprias ciências, formas ou métodos para melhor se proceder à interpretação do texto escrito. Como no direito, a lei deve sempre estar prevista formalmente e em formato escrito – principalmente quando se trata de direito penal –, e essa preocupação com a forma de interpretar o texto deve também pairar sobre a disciplina, possibilitando ao intérprete uma melhor compreensão e aplicação, quando for o caso, do texto legal.

Há diversas teorias no direito que oferecem um chão possível e adequado no qual pode o intérprete pisar com segurança. Tendo em vista nossa pretensão de um estudo geral sobre a norma penal, limitamo-nos aqui a apresentar os formatos clássicos que comumente aparecem nos manuais, servindo como via instrumental na interpretação da lei penal. Devemos ressaltar que as classificações que seguem constituem apenas o início daquilo que integra o âmbito de interpretação da lei penal, sendo necessário avançar nos estudos da temática para que possamos compreender mais efetivamente as problemáticas.

> **Importante**
> A interpretação da lei é um fenômeno complexo que exige compromisso e seriedade daquele que está em condição de dizer algo sobre a norma. Por esse motivo, deve ser evitada qualquer espécie de subjetivismo imperante no momento da interpretação, sob pena de solapar a correta aplicação da lei.

Feitas essas ressalvas, apresentaremos duas formas distintas de se compreender a interpretação da lei penal, que podem ser chamadas de *conjunto escalonado de técnicas de interpretação* (Friede, 2015): interpretação quanto ao sujeito e interpretação quanto ao modo. Tais divisões apresentam subclassificações para auxiliar no entendimento das variadas formas pelas quais é possível se interpretar a lei penal.

— 4.1 —
Interpretação da lei quanto ao sujeito

Conforme apontamos, a interpretação da lei penal diz respeito à como deve ser observada, analisada e compreendida a fim de que sua aplicação seja adequada. Quem procede essa interpretação é sempre um alguém, uma pessoa, a qual definiremos como intérprete. Por assim ser, podemos dizer que há a interpretação conforme o sujeito ao considerar sua origem interpretativa, ou seja, de onde, de qual ente parte a interpretação.

Quanto ao sujeito, temos três espécies de interpretação da lei: autêntica, doutrinária e jurisprudencial. Vejamos.

Interpretação autêntica (legislativa)

A interpretação autêntica, a qual podemos também chamar de *interpretação legislativa*, é aquela feita com base na própria lei. É o próprio texto legal que fornece a interpretação de algum de seus dispositivos, em complemento ou explicação de determinado termo conforme necessidade.

Podemos dizer que, nessa espécie de interpretação, o legislador fornece um mero depoimento sobre os trabalhos preparatórios da lei (Friede, 2015), depoimento este que, por vezes, pode ser encontrado na exposição de motivos dos códigos em geral. Como sabemos, para além dos elementos descritivos da norma penal, há os elementos normativos, e estes, muitas vezes, necessitam de contextualização ou explicação formal para que sejam compreendidos. O termo *arma*, citado em alguns tipos penais, é um exemplo disso: O que podemos entender por *arma*? Apenas armas de fogo? E as armas brancas? Instrumentos cuja finalidade principal é diversa daquela eventualmente utilizada em crimes (pensemos em um assalto no qual o agente se utilize de uma barra de ferro para causar temor na vítima) podem ser enquadrados como armas em direito penal?

Como é possível notar, há questões na lei que necessitam de orientação para que sejam efetivamente interpretadas. Aqui se trata, inicialmente, da interpretação autêntica, a qual acontece pelo próprio campo legislativo e que pode ser contextual – quando a previsão está junto à norma que a conceitua – ou posterior — quando há a edição de outra lei que conceitue ou explane um termo de outra. Nesse caso, a forma correta de interpretar deve ser baseada naquilo que a própria lei prevê. Portanto, na interpretação autêntica, a exegese provém do mesmo ente que emanou a norma a ser interpretada (Gueiros; Japiassú, 2018).

Vejamos outro exemplo, dos crimes funcionais previstos na parte especial do Código Penal. São chamados de *crimes próprios*, ou seja, que necessitam de uma condição especial do agente para que possam ser praticados. Nos delitos funcionais, essa condição especial é ser o agente funcionário público, de modo que, em determinada parte do Código Penal, estão previstas diversas condutas que proíbem na esfera penal a prática de determinados atos dos funcionários públicos, para se proteger, assim, a Administração Pública e outros bens jurídicos. Ocorre que o conceito de funcionário público pode comportar compreensões diversas. E assim de fato é, pois o que se considera funcionário público para o direito administrativo, por exemplo, difere do conceito adotado pelo direito penal. Em razão disso, faz-se necessário estabelecer uma classificação de funcionário público para o direito penal. Logo, o próprio direito penal faz essa conceituação, enquadrando-se aqui como espécie de interpretação autêntica ou legislativa. É o que observamos no art. 327 do Código Penal:

Art. 327. Considera-se funcionário público, para os efeitos penais, quem, embora transitoriamente ou sem remuneração, exerce cargo, emprego ou função pública.

§ 1º Equipara-se a funcionário público quem exerce cargo, emprego ou função em entidade paraestatal, e quem trabalha para empresa prestadora de serviço contratada ou conveniada para a execução de atividade típica da Administração Pública. (Brasil, 1940)

O próprio Código Penal tem um artigo específico que fornece a conceituação daquilo que se deve entender por funcionário público no âmbito penal, não cabendo, portanto, resposta diversa da prevista normativamente. É dessa forma que se opera a interpretação autêntica: a própria lei indica a interpretação cabível.

Interpretação doutrinária (científica)

Nem sempre a lei, em seu sentido estrito, traz todas as respostas possíveis no que diz respeito à interpretação. Há diversos elementos que clamam por uma orientação interpretativa que não estão dispostos no texto escrito legislativo. Isso vale para hipóteses de aplicação da lei, definições de elementos normativos e tantas outras questões possíveis cuja necessidade de interpretação decorre da leitura do texto normativo. Quando insuficiente, por sua ausência, a interpretação autêntica, ao intérprete cabe recorrer a outras formas que estabeleçam a melhor diretriz interpretativa possível. Uma delas é a interpretação doutrinária ou científica.

Esse tipo de interpretação é aquela realizada no âmbito da dogmática penal, feita por estudiosos da matéria, juristas ou qualquer outra nomenclatura que se utilize (autores, doutrinadores etc.) para referir-se àqueles que produzem conteúdo interpretativo com o intuito de melhor se operacionalizar um sistema penal harmônico. A interpretação doutrinária, portanto, é feita por professores, estudiosos, autores de obras de direito e afins, por meio de livros, artigos, conferências, entre outros (Gonçalves, 2019).

Quando consultamos os manuais de direito penal, acabamos por encontrar diversas interpretações doutrinárias possíveis. Determinada definição sobre um instituto jurídico do livro do autor A não necessariamente será a mesma do livro do autor B – por mais estejam tratando do mesmo instituto jurídico. Interpretações e respostas diversas podem ser vistas em juristas diferentes, de modo que o estudo científico daquilo que alguns chamam de ciência penal comporta, eventualmente, mais de uma resposta. Essa espécie de interpretação pode ser classificada como *communis opinio doctorium* (Gueiros; Japiassú, 2018).

Essa divergência interpretativa na análise doutrinária acontece por diversas razões. Posicionamentos de bases diferentes, aptidão com a matéria, experiência e profundidade temática, local de fala, formação, posição social e tantas outras questões podem influenciar o processo de interpretação do jurista, que aponta para o melhor direcionamento assim entendido com relação à resposta mais adequada para as questões que surgem no estudo da norma penal. De modo geral, podemos dizer que há três grandes posicionamentos de base que orientam a visão dos juristas: punitivismo, minimalismo e abolicionismo.

Para os **punitivistas**, o direito penal é a solução mais adequada para a resolução de vários conflitos sociais. O discurso oficial do Estado, nas justificativas sobre os fins e as razões do direito penal, é abraçado pelos punitivistas, os quais acreditam na legitimidade total do direito penal como forma de conter a criminalidade. Para novos conflitos, o direito penal costuma ser apontado como aposta certa para tratar da questão.

Para os **minimalistas**, corrente na qual se situa a presente obra, o direito penal deve funcionar como *ultima ratio*, ou seja, apenas aplicável às situações em que efetivamente as outras áreas do direito não deem conta. A observação dos princípios que orientam o direito penal mínimo deve ser seguida à risca, sob pena de romper os limites estritos da aplicação do direito penal. É como se a pena fosse um mal necessário e que, por isso, somente é assim em razão da ausência de outro algo para se colocar em seu lugar. Portanto, deve ser aplicada apenas àqueles casos que efetivamente clamam pela tutela penal.

Para os **abolicionistas**, o direito penal é um projeto fracassado ao considerar a ineficácia no âmbito de seu discurso oficial. Somente os fins não confessados é que produzem seus efeitos: segregar, manter o *status quo* da disparidade econômico-social e neutralizar os indivíduos considerados inaptos para o sistema capitalista que rege a sociedade. Se não cumpre a finalidade prometida, deve ser abolido, ficando aberta a questão do que colocar em seu lugar – com algumas propostas que vêm sendo cada vez mais discutidas atualmente, como é o caso da justiça restaurativa.

De acordo com essas três grandes correntes – aqui expostas de forma bastante concisa –, há uma forma própria de se pensar o direito penal. Logo, não estranhamos quando nos deparamos com diferentes maneiras de se interpretar o direito penal conforme a base em que se situam os juristas intérpretes, cujas divergências podem existir em maior ou menor grau. Seja como for, o que importa registrar é que a interpretação doutrinária decorre do campo do estudo dogmático do direito penal. Este livro, por mais longe que esteja sua pretensão de firmar qualquer entendimento interpretativo, acaba servindo como um exemplo: ao classificarmos institutos jurídicos, explanarmos suas conceituações e realizarmos apontamentos críticos, estabelecemos interpretações possíveis sobre o direito penal, de modo que podemos afirmar que a interpretação científica é aquela realizada por quem se volta para o estudo do direito penal no campo da pesquisa.

Interpretação jurisprudencial

Uma das instâncias formais em que o direito penal opera é o Poder Judiciário. Ao julgador, incumbe analisar o caso concreto e aplicar a legislação correspondente. Valorando provas e circunstâncias e a adequação da lei aplicável ao caso, ao juiz cabe determinar a aplicação da lei penal. Nessa hipótese, temos outra forma de interpretação da lei penal quanto ao sujeito, uma vez que, ao se considerar o que o julgador diz e decide sobre o caso concreto – no qual se aplica a lei penal —, acaba-se por dizer o direito, de modo que podemos concluir que, nas decisões judiciais, também se faz a interpretação da lei penal.

Logo, a interpretação jurisprudencial é aquela feita pelo exercício jurisdicional na figura dos magistrados. O termo *jurisprudencial* vem de *jurisprudência* e, no contexto em questão, deve ser considerado um conjunto, harmônico ou não, de decisões judiciais. As decisões judiciais sobre casos concretos podem servir como critérios interpretativos para situações análogas, formando-se aquilo que se chama de *jurisprudência*. Aqui, vale destacarmos o fato de que o direito não é nem pode ser aquilo que os tribunais dizem que seja (Streck, 2014). A interpretação dessa espécie deve sempre ocorrer de acordo com a normativa estabelecida pelo direito por meio de suas leis e de seus princípios.

Assim como as razões que fazem com que existam diferentes posicionamentos doutrinários, há aquelas que operam no campo da decisão judicial, permitindo que os juízes estabeleçam uma interpretação mais conforme sobre a lei penal. Isso pode ocorrer em razão das formas tantas possíveis em que um evento delituoso acontece. Cada caso é um caso, diz uma das máximas forenses. Isso faz com que cada situação seja analisada sob ótica própria para que o direito seja corretamente aplicado ao caso concreto. Mas não é somente isso. Há também a necessidade de, via jurisprudência, estabelecer alguns direcionamentos interpretativos que corroboram a correta aplicação do direito penal em casos que se assemelhem.

A orientação jurisprudencial é um fenômeno do campo do direito que determina a forma mais adequada de se interpretar e aplicar a lei penal. Essa interpretação se baseia nos precedentes que, harmonicamente, são observados pelos juízes e pelos tribunais (Gueiros; Japiassú, 2018). Nem sempre a interpretação autêntica e a doutrinária dão conta de fornecer as respostas possíveis sobre a melhor forma de se compreender e aplicar a norma penal. Há um espaço preenchido pela interpretação jurisprudencial, que pode ocorrer tanto na falta das demais formas quanto em um sentido contrário ao que prevê determinado entendimento doutrinário. Essa divergência jurisprudencial, bem como entre a interpretação jurisprudencial e a doutrinária, é bastante comum no âmbito jurídico, dada a amplitude do universo normativo que compõe o direito.

Podemos encontrar exemplos dessa espécie de interpretação nos ementários jurisprudenciais e nas súmulas dos tribunais. São os julgadores estabelecendo interpretações coesas sobre a norma penal, a fim de que, com base nesses entendimentos formados, tenha-se uma melhor orientação interpretativa. Vejamos a Súmula n. 96 do Superior Tribunal de Justiça (STJ): "O crime de extorsão consuma-se independentemente da obtenção da vantagem indevida" (Brasil, 2010, p. 65).

Esse é o formato padrão de uma súmula. Após serem reunidas decisões judiciais que apontam para um mesmo direcionamento interpretativo, há a possibilidade de determinado tribunal criar a súmula, e o potencial para influenciar outros casos semelhantes acaba sendo maior. Abordaremos novamente esse exemplo quando tratarmos do conflito aparente de normas.

Por fim, podemos citar que essa forma de interpretação emana da figura do juiz, do julgador, daquele que analisa e decide sobre o caso concreto, do qual se tem a chamada *interpretação judicial* (Friede, 2015). Constitui-se em uma forma válida e devida de se estabelecer entendimentos acerca da compreensão da norma penal, para que sua aplicação seja mais coerente e adequada aos princípios que fundam e norteiam o direito penal.

— 4.2 —
Interpretação da lei quanto ao modo

Outra forma de interpretação da lei penal é a interpretação quanto ao modo de se proceder, que congrega as interpretações gramatical, teleológica, sistemática e progressiva. Diferentemente da interpretação quanto ao sujeito, na qual levamos em conta o ente do qual parte a interpretação, neste caso consideramos a forma, o instrumento e o método interpretativo da norma penal. Por esse viés, não se anula o formato visto no tópico anterior, ao contrário, complementa-o ao fornecer as ferramentas interpretativas possíveis e cabíveis.

A seguir, vejamos as classificações da interpretação da lei quanto ao modo.

Interpretação gramatical

Também chamada de *interpretação literal*, considera o próprio texto da lei penal em seu caráter sintático e semântico. O sentido das próprias palavras é ponderado; pela literalidade daquilo que está escrito é que se procede a interpretação. É a mais limitada forma exegética das espécies de interpretação (Gueiros; Japiassú, 2018).

Por exemplo, na redação do art. 121 do Código Penal — "matar alguém" —, não há qualquer dúvida acerca de seu significado que clame uma interpretação complementar para que se saiba o que proíbe o texto legal. A interpretação gramatical dá conta da análise do significado dessa norma proibitiva. Se alguém matar alguém, incorrerá no crime de homicídio, respondendo pela pena cabível conforme prevê o dispositivo legal.

Grande parte do âmbito normativo penal é resolvida pela interpretação literal, e esta é uma necessidade decorrente dos princípios do direito penal, já que o texto sobre os tipos penais é e deve ser compreensível em sua própria leitura, sem carecer de interpretação além da literal.

Interpretação teleológica

Considera os fins intentados pela lei penal, aquilo que busca a norma penal, e essa finalidade pode estar prevista de maneira explícita ou implícita no dispositivo penal. Constitui-se em uma forma de interpretação que busca descobrir o significado da norma por meio da análise dos fins a que se destina o dispositivo penal (Gonçalves, 2019).

Tomemos como exemplo o crime capitulado no art. 319-A do Código Penal:

> Art. 319-A. Deixar o Diretor de Penitenciária e/ou agente público, de cumprir seu dever de vedar ao preso o acesso a aparelho telefônico, de rádio ou similar, que permita a comunicação com outros presos ou com o ambiente externo:
> Pena – detenção, de 3 (três) meses a 1 (um) ano. (Brasil, 1940)

O crime em questão veda o acesso a aparelho telefônico, rádio ou similar ao preso, punindo a pessoa do diretor penitenciário ou agente público que permitir, de alguma maneira, o ingresso de dispositivos como esses no estabelecimento prisional. Poderíamos questionar: E se entrar apenas um *chip* de celular? A conduta estaria abarcada pelo tipo penal em análise?

Nesse caso, a interpretação teleológica pode auxiliar a responder à questão. Pela interpretação literal, poderíamos encontrar alguma dificuldade para definir o termo *similar* no texto legal, uma vez que, gramaticalmente, consideraríamos apenas aparelhos similares, restando afastada a hipótese de partes desses aparelhos, como *chips* e baterias. A melhor interpretação a ser realizada nesse caso é a teleológica, ou seja, levando-se em conta a finalidade da edição da norma. Qual o intuito do legislador em criminalizar a conduta do agente público que facilita a entrada de aparelhos celulares e afins nos estabelecimentos prisionais? A resposta é: evitar o contato dos detentos com o exterior, para além dos muros prisionais. Por mais criticável que possa ser essa postura estatal, é a regra, e o crime em comento busca evitar que agentes públicos facilitem a entrada desses dispositivos de comunicação. Se a finalidade da norma é essa, a entrada de itens como *chips* e baterias colaboram com a prática proibida. Portanto, pela interpretação teleológica, essa ação também é vedada pelo Estado, possibilitando o enquadramento no tipo penal correspondente – como vem decidindo o STF (*vide* Habeas Corpus n. 99.896).

O cuidado que devemos ter nesse tipo de interpretação é evitar criminalizações extensivas quando se atribui o enquadramento penal por analogia *in malan partem*, ou seja, aquela prejudicial ao acusado. Assim, com a cautela sobre a possibilidade de exasperação punitiva, a interpretação teleológica é aquela que pondera a finalidade da norma penal quando de sua aplicação ao caso concreto.

Interpretação sistemática

Este tipo de interpretação considera o sistema penal como um conjunto harmônico de leis que devem produzir seus efeitos em sintonia, evitando-se disparates. Isso pode acontecer tanto em situações nas quais os princípios devem ser sopesados para nortear a aplicação da lei penal, como em situações nas quais a previsão de uma lei específica complementa o sentido de outra.

Alguns recursos podem ser utilizados para que se proceda essa interpretação, a saber, a compreensão sistêmica da norma, a perspectiva histórica da elaboração da norma e seu cotejo com diplomas similares de outros ordenamentos jurídicos, como o direito comparado (Gueiros; Japiassú, 2018). Portanto, os dispositivos penais não devem ser lidos e interpretados de maneira isolada. Sua análise deve considerar todo o universo normativo penal, já que existem situações em que a análise isolada pode levar o intérprete ao erro.

Um exemplo é o caso da necessidade de representação da vítima quando do crime de lesão corporal leve. Segundo a regra constante na parte geral do Código Penal, a natureza dos crimes, via de regra, é sempre pública, competindo ao Estado, por conta, proceder à persecução penal. Exceção a essa regra são os crimes de natureza privada e aqueles de natureza pública, mas que dependem da representação da vítima para que o Estado esteja autorizado a agir (art. 100 do Código Penal). Para que o intérprete saiba se o crime necessita ou não de representação, basta verificar no próprio dispositivo ou no capítulo ou título da legislação correspondente.

O problema que aqui apontamos refere-se ao caso do crime de lesão corporal leve, para o qual não há qualquer menção no Código Penal que determine a representação da vítima como condição de procedibilidade para a ação penal, mas sabemos e definimos assim esse crime. Onde está prevista, portanto, essa condição? Eis aí a necessidade da interpretação sistemática, uma vez que é em outra legislação que encontramos a resposta. Em 1995, quando da criação da Lei dos Juizados Especiais (Lei n. 9.099, de 26 de setembro de 1995), definiu-se uma nova regra que passou a abarcar especificamente o crime de lesão corporal nas modalidades leve e culposa, passando a exigir a representação da vítima como condição de procedibilidade da ação. Assim, com base na referida lei, o crime de lesão corporal leve (e culposa) passou a ter natureza pública condicionada à representação.

Por fim, podemos perceber que, somente com uma análise mais ampla da norma penal, é possível constatar que o crime de lesão corporal necessita da representação da vítima, pois, no Código Penal, não há qualquer menção nesse sentido, sendo necessário ao intérprete conhecer e aplicar lei diversa que dá a razão de ser da natureza jurídica desse delito. A interpretação sistemática requer do intérprete, portanto, a análise conjunta de toda a legislação em vigor em consonância com os princípios penais para que se tenha uma adequada aplicação da norma penal.

Interpretação progressiva

Também chamada de *interpretação evolutiva*, a cautela quanto à impossibilidade de analogia prejudicial ao acusado também deve ser empregada. O que consideramos é o progresso da sociedade para que possamos interpretar e aplicar a lei penal de forma mais coerente e adequada com o meio em que serão produzidos seus efeitos. Não se trata de uma interpretação especificamente histórica ou finalística da lei, mas de uma associação de ambas (Nucci, 2019).

A lei penal é criada em certo momento da sociedade. Tempo e contexto são considerados. As coisas mudam, fluem, evoluem, não necessariamente modificando as leis na mesma velocidade. Daí que, em determinados casos, faz-se necessário interpretar a norma penal de acordo com as mudanças ocorridas na sociedade. O direito penal está permeado de exemplos dessa espécie: expressões como *mulher honesta, homem médio, legítima defesa da honra* e tantas outras fizeram e ainda fazem parte do âmbito jurídico, e hoje não mais têm o sentido que tinham à época de suas constituições e definições.

Atualmente, devemos olhar para os institutos jurídicos com os olhos e o pensamento de hoje, por isso há uma espécie de adaptação via interpretação progressiva da norma penal. Não se trata de desconsiderar o texto escrito para aplicar o entendimento da sociedade atual, pois isso resultaria em grande mácula ao sistema penal. O que se tem é uma análise mais acurada de acordo com a estrutura social vigente.

Um exemplo refere-se à incidência da Lei Maria da Penha. Essa legislação foi criada pensando-se unicamente na mulher vítima de violência doméstica e familiar. Nos dias atuais, dado o necessário e o devido avanço sobre o entendimento e a discussão das questões de gênero, tem-se adotado o entendimento de que a Lei Maria da Penha também pode ser aplicada à mulher trans – questão que não foi ponderada quando da promulgação da lei, mas que, por uma interpretação progressiva, passou a ser.

Podemos ainda apontar outro exemplo, do termo presente no art. 233 do Código Penal: *ato obsceno*. Hoje, não é adequado tratar sua significação da mesma forma que se fazia quando da edição do Código Penal (Nucci, 2019). Logo, a interpretação progressiva permite uma leitura "atualizada" de algumas situações relacionadas à norma penal.

Capítulo 5

Conflito aparente de normas

Pelo que vimos até aqui, já temos como certo que, para cada fato delitivo, somente pode ser imputada uma única norma correspondente ao ato. Para cada evento delituoso, um único crime é passível de ser enquadrado. Não há como uma ação com um único resultado correspondente ensejar dupla imputação. O fenômeno de aplicação do direito ao caso concreto deve sempre observar esse critério na seara penal.

Há, porém, algumas situações nas quais é possível aplicar mais de uma lei penal para um mesmo caso concreto. O conflito aparente de normas, que é sempre apenas aparente, configura-se quando há pluralidade de normas que regulam um mesmo fato criminoso; na realidade, apenas uma delas terá aplicação (Gonçalves, 2019). Ao mesmo tempo em que isso pode vir a ocorrer, devemos respeitar o limite que acabamos de estabelecer. Para resolver esse tipo de situação, utilizamo-nos de alguns critérios que auxiliam na aplicação da norma penal válida ou daquela que seja considerada a mais adequada. Esses critérios são adotados diante do fenômeno da antinomia.

Importante
Como a própria terminologia prevê, o conflito acontece somente no nível da aparência, pois, quando da aplicação dos critérios que o resolvem, ele deixará de existir.

— 5.1 —
Antinomia e seus critérios de resolução

Por *antinomia* devemos entender o fenômeno da existência de duas normas distintas que aparentemente são aptas a produzir seus efeitos no mesmo âmbito de validade, ou seja, é quando observamos uma relação de contrariedade entre mais de uma norma pertencente ao mesmo ordenamento jurídico, ficando a dúvida sobre qual deve ser aplicada.

Dada a impossibilidade de aplicação de duas normas diferentes a um mesmo caso concreto, devemos empregar os critérios de resolução de antinomias. Vale destacar que alguns utilizam o termo *princípios* ao se referir a esses critérios. Diante da nossa discordância com relação a essa forma de denominar os critérios, justificada pela possível confusão que pode ser feita com os princípios do direito penal, bem como pelo aspecto didático, optamos por classificá-los como **critérios**.

Esses critérios são adotados para que a questão da antinomia seja sanada, obtendo-se a norma cabível que efetivamente deve ser aplicada ao caso concreto. São eles: especialidade, subsidiariedade, consunção (absorção) e alternatividade.

Critério da especialidade

Por esse critério, aplicamos a máxima de que a norma especial afasta a aplicação da norma geral. Em determinados tipos penais, ou até mesmo em leis gerais nas quais alguns tipos estão presentes, existem alguns elementos que os tornam especiais em relação a outros, de modo que, quando do surgimento do conflito, são justamente esses elementos que fazem com que a norma especial seja a mais adequada para a aplicação no caso concreto.

Podemos considerar como especial a norma constituída por todos os elementos da lei geral e mais alguns outros, os quais são denominados *especializantes* (Gonçalves, 2019). Tomemos como exemplo uma mãe que, logo após o nascimento do filho, diante de um estado de depressão pós-parto, ceifa a vida de seu nascituro. Temos aí um caso de uma mãe que matou o próprio filho. Em uma primeira análise, podemos ter como certo que o enquadramento penal constante no art. 121 do Código Penal, crime de homicídio, é o que se aplica ao caso, pois a descrição *matar alguém* está de acordo com a situação em análise. O problema é que o art. 123 do mesmo código traz uma previsão que também é aplicável ao exemplo. Vejamos no quadro a seguir.

Quadro 5.1 – Distinção entre homicídio simples e infanticídio

Homicídio simples	Infanticídio
"Art. 121. Matar alguém: Pena – reclusão, de seis a vinte anos." (Brasil, 1940)	"Art. 123. Matar, sob a influência do estado puerperal, o próprio filho, durante o parto ou logo após: Pena – detenção, de dois a seis anos." (Brasil, 1940)

Logo, temos um exemplo clássico de conflito aparente de normas resolvido pelo critério da especialidade. Não podemos aplicar simultaneamente o crime de homicídio e o crime de infanticídio contra a mãe. Devemos optar por um único tipo penal. A resposta para a indagação que disso surge é de que a norma especial prevalece sobre a norma geral. No caso, o crime de infanticídio traz, em sua redação, elementos bem específicos. A elementar influência do estado puerperal (que chamamos de *depressão pós-parto*), somada ao fato de ter sido a própria mãe que matou o bebê logo após o nascimento (outra situação que também está prevista na redação do tipo em análise), evidenciam tratar-se da norma que merece aplicação, de modo que essa mãe responderia pelo crime de infanticídio unicamente.

O critério da especialidade, portanto, determina que, afastando a lei geral, aplicar-se-á a lei especial, resolvendo o problema da antinomia.

Critério da subsidiariedade

Pelo critério da subsidiariedade, levamos em conta o bem jurídico tutelado pela norma penal e a existência de leis que acabam sendo subsidiárias com outras, pois atuam em níveis diferentes na proteção de um mesmo bem jurídico. Assim, quando nos deparamos com um caso concreto em que exista uma lei que preveja uma ofensa mais enfática ao bem jurídico tutelado, esta é a que será aplicada, com o afastamento da outra, que incide de maneira menos severa sobre a ofensa.

Logo, o critério da subsidiariedade determina a aplicação de um preceito subsidiário quando o preceito principal não encontra encaixe, e a norma principal acaba por prevalecer sobre a subsidiária (Busato, 2015). Essa situação difere do critério anterior, pois, no critério da especialidade, a descrição fática é a que leva ao conflito aparente de normas; já no critério da subsidiariedade, a análise da situação de forma mais abstrata enseja a ocorrência da antinomia.

Algumas situações em que a subsidiariedade ocorre estão previstas na própria lei, as quais chamamos de *subsidiariedade expressa*. Já outras necessitam de uma análise acurada do intérprete para que sejam percebidas, denominadas de *subsidiariedade tácita*. A primeira, **subsidiariedade expressa**, acontece quando a própria redação do tipo penal estipula que sua aplicabilidade está condicionada à não existência de crime mais grave. Podemos observar um exemplo na redação do art. 132 do Código Penal:

> **Perigo para a vida ou saúde de outrem**
>
> Art. 132. Expor a vida ou a saúde de outrem a perigo direto e iminente:
>
> Pena – detenção, de três meses a um ano, se o fato não constitui crime mais grave. (Brasil, 1940, grifo do original)

No preceito secundário do tipo penal transcrito, podemos verificar uma observação que segue o *quantum* da pena prevista, a saber, "se o fato não constitui crime mais grave" — este é justamente o indicativo de que temos uma hipótese de subsidiariedade, que se constata pela própria expressividade.

A segunda, **subsidiariedade tácita**, ocorre quando inexiste previsão de referência específica sobre a aplicação de outra lei mais grave. Temos um exemplo no quadro a seguir, em que constam dois tipos penais do Código de Trânsito Brasileiro (CTB):

Quadro 5.2 – Subsidiariedade tácita no Código de Trânsito Brasileiro

"Art. 311. Trafegar em velocidade incompatível com a segurança nas proximidades de escolas, hospitais, estações de embarque e desembarque de passageiros, logradouros estreitos, ou onde haja grande movimentação ou concentração de pessoas, gerando perigo de dano: Penas – detenção, de seis meses a um ano, ou multa." (Brasil, 1997)	"Art. 302. Praticar homicídio culposo na direção de veículo automotor: Penas – detenção, de dois a quatro anos, e suspensão ou proibição de se obter a permissão ou a habilitação para dirigir veículo automotor." (Brasil, 1997)

Por fim, pelo critério da subsidiariedade, temos a aplicação apenas da lei que leva em conta a ofensa com maior gravidade a um mesmo bem jurídico protegido por normas penais diversas. Dessa forma, o critério tem seu foco no bem jurídico ofendido com o delito (Tasse, 2018).

Critério da consunção (absorção)

A incidência deste critério acontece nas hipóteses em que a prática de um crime constitua condição necessária para a prática de outro. Àquele chamamos de *crime-meio*; a este, de *crime-fim*.

Utilizamos esse critério quando há conflito que surge da existência de ofensas a bens jurídicos diversos, mas que também está presente uma espécie de continuidade necessária entre o meio e o fim, ou seja, a prática de determinada ação, que isoladamente é considerada um crime autônomo, é condição necessária para que se pratique outro crime.

Nesse caso, a intenção do agente não é a prática do crime-meio, que somente ocorre para que seja possível a prática do crime-fim, aquele que realmente pretende praticar. Logo, o critério da consunção estabelece que a norma que abrange todo o desvalor atribuído pelo ordenamento jurídico sobre um caso concreto acaba tendo precedência sobre outra que abriga somente parte desse desvalor (Busato, 2015). O exemplo mais clássico desse critério é um que foi inclusive reconhecido pelo STJ na edição da Súmula n. 17: "Quando o falso se exaure no estelionato, sem mais potencialidade lesiva, é por este absorvido" (Brasil, 2005, p. 393).

Nesse exemplo, a intenção do agente é a prática do estelionato, de modo que a falsidade documental é considerada mero artifício para o ludíbrio delituoso. O agente não falsifica o documento com a finalidade de se exaurir na falsificação, mas o faz com o intuito de se valer desse instrumento ardiloso para a prática do crime. A continuidade delitiva é facilmente observada nesse caso, logo, o direito entende como uma conduta única, razão pela qual a falsidade acaba por ser absorvida pelo estelionato, punindo-se o agente tão somente pelo crime-fim. Em razão disso, podemos também podemos denominar o critério da consunção como *critério da absorção*, pois a dinâmica segundo a qual opera é de que o crime-fim absorve o crime-meio.

Critério da alternatividade

Com este critério, podemos resolver a questão dos crimes de ação múltipla ou de conteúdo variado, ou seja, aqueles que contêm, em sua redação, vários verbos nucleares, descrevendo diversas condutas que podem resultar na prática do mesmo crime. Ao contrário dos demais critérios, o que temos na alternatividade e que enseja o conflito é a existência de vários núcleos em um mesmo tipo penal. Poderia uma pessoa ter imputada contra si a prática de um mesmo tipo penal em concurso material de uma mesma ação múltipla? O que esse critério estabelece é que a pessoa será punida apenas uma vez no âmbito das variadas modalidades de ação previstas na redação do tipo penal, desde que considerado um mesmo contexto situacional.

Assim, o critério da alternatividade indica que a aplicação da norma ao fato exclui a aplicabilidade de outra que também prevê, qualquer que seja o modo, aquele mesmo fato aparente como delito (Nucci, 2019). Como exemplo, vejamos o que diz o tipo penal a seguir:

> Art. 33. Importar, exportar, remeter, preparar, produzir, fabricar, adquirir, vender, expor à venda, oferecer, ter em depósito, transportar, trazer consigo, guardar, prescrever, ministrar, entregar a consumo ou fornecer drogas, ainda que gratuitamente, sem autorização ou em desacordo com determinação legal ou regulamentar:

Pena – reclusão de 5 (cinco) a 15 (quinze) anos e pagamento de 500 (quinhentos) a 1.500 (mil e quinhentos) dias-multa. (Brasil, 2006)

Conforme podemos verificar, 18 são os verbos nucleares: "Importar, exportar, remeter, preparar, produzir, fabricar, adquirir, vender, expor à venda, oferecer, ter em depósito, transportar, trazer consigo, guardar, prescrever, ministrar, entregar a consumo ou fornecer drogas [...]". Com esse exemplo, alguém que tenha em sua casa certa quantidade de drogas destinada à venda e que assim o faça quando da visita de um comprador incorrerá na prática do crime de tráfico de drogas duas vezes? A resposta, obtida ao considerar o critério da alternatividade, é que não, pois a pessoa responderá uma única vez pelo crime, mesmo que tenha praticado as condutas correspondentes a *ter em depósito* e *vender*, presentes no tipo penal em questão. É dessa forma, portanto, que opera esse critério: deve-se sempre considerar o contexto situacional para que o agente responda uma única vez por determinado crime de ação múltipla, mesmo tendo realizado mais de uma ação.

Vale ainda o registro de que alguns doutrinadores não aceitam o critério da alternatividade como instrumento de resolução de conflito aparente de normas, uma vez que outro critério, como o da especialidade, já daria conta de resolver situações como a do nosso exemplo, o que aponta para a inutilidade desse critério (Nucci, 2019).

Capítulo 6

Hipóteses de consunção

Neste capítulo, vamos analisar um recorte daquilo que alguns especialistas enquadram no critério de consunção. Por uma questão didática e por alguns dos institutos aqui tratados não constituírem efetivamente critérios de resolução de antinomia, nesta seção abordaremos determinados fenômenos jurídicos que nos auxiliam a compreender como ocorre o fenômeno de aplicação da norma penal ao caso concreto. É por isso que os temas de crime progressivo, progressão criminosa, antefato impunível e pós-fato impunível serão explanados isoladamente, embora também sejam desdobramentos do critério da consunção.

> **Importante**
> As hipóteses de consunção podem ser tratadas como desdobramentos do próprio critério da consunção; inclusive há autores que assim o fazem.

— 6.1 —
Crime progressivo

Caracteriza-se como crime progressivo quando o agente pratica algumas ações de menor gravidade para que seja possível cometer o crime efetivamente pretendido. Nesse caso, as condutas que isoladamente poderiam ser consideradas como delitos autônomos constituirão a forma escolhida para a prática do crime pretendido.

O crime de homicídio, por exemplo, pode ser praticado de diversas formas. Mortes rápidas e limpas ou mortes pesarosas e brutais. O legislador pondera a gravidade do homicídio na própria estrutura do tipo penal que prevê essa conduta como criminosa, de modo que não importa aqui abordar as qualificadoras ou os agravantes desse delito. Chamamos atenção para o fenômeno do crime progressivo, que, nesse exemplo, pode ser conferido em uma situação na qual alguém mate alguém por espancamento. Se levarmos em conta cada ato da ação de espancar uma pessoa de forma isolada, teríamos uma sucessão de práticas do crime de lesão corporal. Ocorre que, nesse caso, a lesão é o meio utilizado pelo agente para a prática do homicídio, de modo que a via eleita, o espancamento, trata-se de progressão natural do homicídio nessa espécie. Logo, o agente responderá somente pelo crime de homicídio – na modalidade qualificada que se amoldar ao caso concreto.

Portanto, o crime progressivo acontece quando o agente necessariamente deve praticar ações prévias menos graves para que cometa o delito pretendido pela sua vontade (Tasse, 2018).

Podemos perceber que o crime progressivo se assemelha, em certo grau, ao critério da consunção, mas naquele não se considera qualquer conduta de forma isolada, pois a prática da conduta constitui apenas e unicamente a via eleita para a prática do crime em questão.

— 6.2 —
Progressão criminosa

Situação semelhante à do crime progressivo é a consequência jurídica deste. O que difere é a pretensão do agente, que, no caso da progressão criminosa, tem como escopo, em um primeiro momento, a prática de crime diverso daquele que, ao final, acaba sendo executado. Portanto, ocorre quando o agente inicia a prática delitiva com uma ação de menor gravidade, mas que, na escalada criminosa, sem interrupção temporal, acaba confluindo para outro crime de maior gravidade (Tasse, 2018).

É a clássica briga de bar, por exemplo. De uma suposta encarada surge um empurrão, e a confusão avança para uma luta corporal. Nesse momento do conflito, o intuito dos envolvidos é de um lesionar o outro. A finalidade dos socos e chutes é apenas ofender a integridade física do oponente. Caso o evento se encerrasse nessa fase, ambos responderiam pelo crime de lesão corporal. No entanto, a situação pode ganhar contornos mais drásticos. Imaginemos que uma das pessoas envolvidas acabe entrando em um estado colérico tamanho que o leve a sacar um revólver e a desferir vários tiros em seu oponente, resultando na morte deste. Assim, o que se iniciou como uma briga de bar evoluiu para um assassinato. Nesse exemplo, por mais que, inicialmente, o agente tenha praticado lesões corporais com essa finalidade, sua intenção e sua prática delitiva evoluíram para uma conduta mais grave, o homicídio, portanto responderá pelo crime de maior gravidade.

Com base nesse exemplo, podemos verificar que a consequência jurídica da progressão criminosa é a mesma do crime progressivo; a diferença reside na mudança da intenção da prática delituosa do agente no decorrer do evento criminoso.

— 6.3 —
Antefato impunível

Corresponde a uma relação entre crimes pelos quais determinado delito é praticado, a fim de que se possa atingir o crime que efetivamente se tenha como intuito. Trata-se outra forma de denominar o critério da consunção — o **crime-meio** é classificado como antefato impunível (Tasse, 2018).

— 6.4 —
Pós-fato impunível

Algumas condutas criminosas podem ser consideradas mero desdobramento ou exaurimento de um crime já consumado. É o que chamamos de pós-fato impunível, ou seja, quando são tidas como impuníveis aquelas ações que ocorrem após o crime ter sido praticado, com a consequente ofensa ao bem jurídico. Se o bem jurídico já foi violado, qualquer outra ação delituosa voltada contra si está abrangida pela imputação feita quando da consumação do delito.

Pensemos no exemplo de alguém que furta um aparelho celular. Na subtração do bem, já aconteceu a prática delituosa, pois ofendeu o bem jurídico patrimônio. Caso o agente venha a ser descoberto como autor do crime e, por exemplo, destrua o aparelho celular, este último fato não imputará novo crime, uma vez que o perdimento da *res furtiva* é mero exaurimento do furto.

No pós-fato impunível, são considerados impuníveis as condutas que se desdobram do delito pretendido, pois se trata de mero seguimento do crime precedente (Tasse, 2018). Logo, são impuníveis os fatos praticados após a consumação do delito que signifiquem nova ofensa ao mesmo bem jurídico violado, pois tais ações são tratadas como seguimento natural, mesmo que não necessário, do delito anteriormente praticado.

Capítulo 7

Lei penal no tempo

O tempo para a aplicação da lei penal é um fator de grande relevância para o direito penal. Estabelecer quando se aplica a norma penal, a partir de que momento passa a ser considerada válida e tantas outras questões que pairam sobre a lei penal no tempo não são apenas importantes, mas também indispensáveis para que tenhamos uma adequada aplicação da lei em um sistema jurídico harmônico e coeso que garanta segurança jurídica no âmbito temporal de aplicabilidade.

A lei penal no tempo é, portanto, aspecto essencial para que possamos estabelecer qual conteúdo normativo deve ser aplicado a um caso concreto em análise (Tasse, 2018).

Desse modo, o tempo é um ponto fundamental segundo o qual estabelecemos o conteúdo normativo a ser ou não aplicado a determinada situação ocorrida – quando ou a partir de quando a norma penal passa e pode produzir seus efeitos.

Importante

As próprias exceções à regra sobre a lei penal no tempo se constituem em uma forma própria de regras. Assim, podemos dizer que a exceção é uma regra que leva em conta o *novatio legis in pejus* ou o *novatio legis in mellius* para que sejam produzidos seus efeitos de maneira apropriada.

— 7.1 —
Regra geral

Como em muitas questões jurídicas, as regras comportam suas exceções, que têm aplicação em situações determinadas e delimitadas. Com a lei penal no tempo não é diferente. Antes, porém, de analisarmos as nuances dessa questão, precisamos definir qual é a regra geral da lei penal no tempo, para que tenhamos uma base de acordo com a qual podemos compreender os motivos de tais exceções.

Primeiramente, é necessário definirmos o momento em que é considerado como efetivamente praticado o crime, pois, após a noção do quando da prática delituosa, é que poderemos analisar a legislação penal aplicável ao caso. Assim, o crime é praticado no momento em que a arma é disparada, quando atinge seu alvo ou quando a vítima vem a falecer? É para estabelecer uma resposta concreta para esse tipo de indagação que o direito penal busca definir o quando aconteceu a prática do crime. Sobre o assunto, três são as teorias existentes. Vejamos.

A primeira, **teoria da ação**, ou **teoria da atividade**, determina que o crime é considerado praticado no momento da realização da conduta delitiva. Das nossas indagações, pela teoria da ação, o crime seria considerado praticado no momento do disparo da arma de fogo.

A segunda, **teoria do resultado**, atenta-se a quando o resultado da ação delituosa ocorre, ou seja, quando se efetiva a intenção do agente que incorre em determinado ilícito penal. Pela ótica dessa teoria, o momento do óbito da vítima seria considerado aquele em que o crime teria sido praticado.

A terceira e última, **teoria mista, teoria eclética** ou **teoria da ubiquidade**, indica que tanto faz o momento considerado como da prática delitiva; pode ser tanto o momento da ação quanto o do resultado.

Feitas essas breves ponderações, precisamos apontar qual delas é a adotada no Brasil, pois será a base para toda e qualquer análise feita nesse sentido. No direito penal brasileiro, a teoria adotada é a da **ação**, também chamada de **teoria da atividade**, conforme prevê o Código Penal: "Art. 4º Considera-se praticado o crime no momento da ação ou omissão, ainda que outro seja o momento do resultado" (Brasil, 1940). Portanto, o momento do crime é sempre aquele correspondente à ação, independentemente de quando venha a ser produzido o resultado. Das nossas indagações, no ordenamento jurídico brasileiro, o crime de homicídio teria sido praticado no momento em que o agente disparou a arma de fogo, mesmo que a morte da vítima tenha ocorrido dias depois no hospital. Assim, a regra da irretroatividade da lei penal que aqui opera impede que a hipótese de uma lei penal que traga nova incriminação se aplique a atos anteriores à sua existência, além de inviabilizar a incidência de qualquer modificação legislativa que seja prejudicial ao acusado (Paschoal, 2015).

— 7.2 —
Lei penal mais benéfica

Pela lógica da teoria da ação, podemos dizer que a lei aplicada quando da prática de uma conduta criminosa é aquela que estiver vigente no momento da atividade delitiva. Se a pena cominada ao crime de homicídio simples é como estabelecida atualmente, de 6 a 20 anos de reclusão, o agente que incorreu nesse delito responderá nos limites dessa pena, independentemente de quando venha a ser aplicada a sentença penal condenatória. Esse é mais um motivo que evidencia a importância de se ter definido o momento de aplicação da lei penal. Logo, a lei penal a ser aplicada será, via de regra, aquela vigente quando da prática do delito. Isso porque, em geral, o princípio basilar que estrutura a aplicação da lei penal no tempo é o chamado *tempus regit actum*, ou seja, regulam-se os fatos de acordo com a lei em vigor quando estes foram verificados (Gueiros; Japiassú, 2018).

No entanto, há algumas excepcionalidades na regra. Uma delas é a da lei penal mais benéfica, a qual se impõe quando figurar como lei posterior que vier a estabelecer um tratamento mais favorável ao agente que praticou determinada conduta em momento anterior à vigência da nova lei. A lei mais favorável é sempre aquela que beneficia o acusado e deve ser aplicada mesmo quando supera seu período de vigência.

Dessa forma, quando determinada conduta é praticada no momento da vigência de dada lei e, no curso do processo, uma nova lei entra em vigor tratando a mesma questão de maneira mais severa, terá efeito aquela lei anterior, que valia no momento da prática delituosa. Dessa forma, a lei anterior, mesmo que revogada, continua produzindo seus efeitos. A lei penal mais benéfica produz seus efeitos para o agente, portanto, para além de seus limites temporais, pois o que se observa nesse ponto é o mandamento constitucional – que determina a retroatividade da lei penal mais benéfica.

Assim, a lei penal mais benéfica tem tanto um efeito ultrativo, pois vai para além de seu tempo (para frente), quanto um efeito retroativo, pois vai para aquém de seu tempo (para trás), aplicando-se sempre o que for mais benéfico ao agente. Nesse sentido, temos a previsão no Código Penal, em seu art. 2º, parágrafo único: "A lei posterior, que de qualquer modo favorecer o agente, aplica-se aos fatos anteriores, ainda que decididos por sentença condenatória transitada em julgado" (Brasil, 1940).

Tomemos como exemplo a prática do **crime x** no ano de 2008, cuja pena prevista era de 2 a 8 anos de detenção. **Fulano** praticou tal crime no referido ano. Em 2010, o **crime x** foi alterado pelo legislador, aumentando a penalidade prevista para de 4 a 12 anos de detenção. A sentença de **Fulano** foi dada em 2012, ou seja, no momento em que a pena prevista seria de 4 a 12 anos de detenção. Qual é a penalidade a ser imposta contra **Fulano**? Nesse caso, portanto, seria de 2 a 8 anos de detenção. Por mais que a lei tivesse mudado quando da sentença, por ser mais benéfica a lei anterior, é esta que deve ser aplicada na condenção de **Fulano**.

Agora vamos supor que fosse o contrário no *quantum* das penas. Nesse caso, situação diversa ocorreria, mas com a mesma consequência jurídica. Suponhamos que **Beltrano** incorreu na prática delitiva do **crime y** no ano de 2005, cuja pena prevista à época era de 5 a 10 anos de detenção. Em 2006, uma alteração legislativa diminuiu a pena do **crime y** para de 3 a 8 anos de detenção. A sentença foi dada somente em 2009. Por qual das penas deverá responder **Beltrano**? Por aquela que lhe é mais benéfica, no caso, de 3 a 8 anos de detenção, que entrou em vigor com a mudança legislativa. Nesse exemplo, podemos perceber que, por mais tivesse uma lei vigente que estipulasse a pena do **crime y** quando **Beltrano** incorreu em sua prática (em 2005), a lei posterior é a que deve ser aplicada, pois somente assim se está de acordo com a questão constitucional que define como se compreender e se aplicar a lei penal no tempo.

Portanto, a lei penal mais benéfica sempre favorece o **acusado**, seja aquela vigente no momento da prática do crime, seja aquela que passou a existir em momento posterior, enquanto o acusado ainda respondia ao processo ou não encerrou o total cumprimento da pena.

— 7.3 —
Lei penal mais grave

A lei penal não retroage. A não ser na situação excepcional da lei penal mais benéfica, uma lei somente produz seus efeitos a partir do momento em que entra em vigor e durante o período de sua vigência. No caso da lei penal mais grave, impera a regra da irretroatividade da lei penal – jamais retroagirá para prejudicar o acusado, produzindo seus efeitos apenas a partir de sua existência –, abarcando os fatos que forem praticados desse momento em diante. A entrada em vigor de lei que aumente o poder punitivo, portanto, seja aumentando a pena de determinado crime, seja criando um novo tipo penal, só tem aplicação para fatos ocorridos depois de sua entrada em vigor (Tasse, 2018).

Assim, podemos dizer que a lei penal mais grave não tem qualquer tipo de efeito ultrativo ou retroativo, pois somente pode ser aplicada quando não conflitar com lei penal mais benéfica. O período de sua vigência é o quando e o enquanto produz seus efeitos, nunca suprimindo lei penal mais benéfica.

— 7.4 —
Abolitio criminis

O fenômeno do *abolitio criminis* ocorre quando da revogação de uma lei penal; extirpa-se o ordenamento jurídico de determinado tipo penal, e a conduta deixa de ser considerada como crime, pois, como o nome supõe, há a abolição do crime.

Há variadas razões que podem provocar o extirpamento de uma figura típica do ordenamento jurídico, e esse fenômeno pode acontecer de maneiras distintas. Qualquer que seja o critério justificante na evolução da sociedade, uma conduta que outrora era considerada crime pode deixar de o ser, por inexistir razão de ser tratada como ilícita no campo penal. Assim, quando se dá a revogação da lei penal, o crime consequentemente deixa de existir, pois a condição necessária para que possamos falar em delito é justamente sua previsão normativa em texto de lei.

Os efeitos da *abolitio criminis* são ultrativos e retroativos, tratando-se da situação benéfica mais ampla que se pode ter no plano normativo penal, pois a conduta deixa de ser considerada crime. Independentemente da fase em que se encontre eventual processo sobre a prática de dada conduta outrora tida como delituosa, a revogação da lei penal produzirá integralmente seus efeitos, cessando desde logo o *jus punienti*, que deixa de ser tido como possível, pois não há mais crime para que o Estado aja.

A revogação de lei criminalizadora de conduta é aplicada em todas as situações ocorridas antes e depois da aludida revogação, e são plenos os efeitos da *abolitio criminis* (Tasse, 2018). Nesse sentido, o Código Penal descreve os efeitos da *abolitio criminis*: "Art. 2º Ninguém pode ser punido por fato que lei posterior deixa de considerar crime, cessando em virtude dela a execução e os efeitos penais da sentença condenatória" (Brasil, 1940). O efeito jurídico que se enseja é a extinção da punibilidade do agente, conforme se observa na previsão do art. 107, inciso III, do Código Penal.

Um exemplo da operacionalização desse fenômeno é o caso do adultério, conduta considerada crime até o ano de 2005, quando foi revogado do Código Penal por força de lei. Logo, desde então, a prática do adultério não mais é um ilícito no campo penal. Outro exemplo ocorreu via Poder Judiciário — e não pelo agir do Legislativo com edição de lei revogando outra em sentido contrário —, na Arguição de Descumprimento de Preceito Fundamental n. 54, na qual o STF aplicou o entendimento de não considerar como punível o aborto de feto anencéfalo. O procedimento é considerado aborto terapêutico, de modo que, na interpretação constitucional do tipo penal que trata do aborto, para além das duas situações legalmente previstas que afastam o caráter criminoso dessa prática, o aborto de feto anecéfalo passou a também ser considerado causa permissiva, podendo se falar que houve, mesmo que *sui generis*, *abolitio criminis*.

Assim, na revogação de uma lei penal, ocorre o fenômeno do *abolitio criminis*, cessando-se todo e qualquer efeito eventualmente decorrente da lei antes, durante e depois da prática até então delituosa, não mais tida como crime.

— 7.5 —
Sucessão de leis penais

Das hipóteses de regras gerais e exceções que vimos até aqui, pode acontecer ainda um fenômeno que vai além desses que observamos, cujas implicações merecem ser analisadas: Quando, em determinado transcurso de tempo, várias leis penais regulamentam uma mesma situação de forma diversa, algumas mais benéficas e outras mais prejudiciais ao agente, que critério devemos adotar para saber qual a lei mais adequada ao caso concreto?

Lembramos que, nessa hipótese, se a lei intermediária é a mais benéfica para o agente, ela tanto retroage quanto tem ultratividade (Gueiros; Japiassú, 2018).

Pelo que já vimos, podemos tomar como base o aspecto principiológico constitucional que determina que a lei penal não retroage – exceto nos casos em que ela beneficia o acusado. Isso vale para gerar tanto efeitos retroativos quanto ultrativos, de modo que, no caso da sucessão de leis penais, basta levarmos isso em consideração para termos uma resposta mais adequada e condizente com as diretrizes que orientam o direito penal.

Imaginemos uma situação em que **Ciclano** tenha praticado o **crime z** no ano de 2000, e a sanção penal prevista era de 2 a 4 anos de detenção. Em 2001, o Congresso Nacional editou uma lei que diminuiu a pena do **crime z** para de 1 a 2 anos. Em razão de protestos sociais contra essa diminuição, em 2003 o Congresso voltou a alterar a penalidade do referido crime, aumentando a pena prevista para de 4 a 8 anos. Considerando que a sentença de **Ciclano** venha a ser dada em 2005, em qual das leis deverá o juiz se fundamentar para a dosimetria da pena? A de 2000, a de 2001 ou a de 2003?

Pela regrativa que já definimos, por mais que o momento da prática do crime tenha sido em 2000 e a sentença venha a ser dada em 2005, a lei penal a ser considerada é a mais benéfica em todo o transcurso do tempo entre o fato e a sentença. Logo, podemos dizer que a lei aplicável nesse exemplo seria a de 2001, pois sua pena, de 1 a 2 anos de detenção, é a mais benéfica daquelas da sucessão de leis penais – mesmo que não tenha sido o ano nem da prática delitiva, nem da decisão judicial.

Para finalizarmos, reiteramos que a regra é a aplicação da lei penal mais favorável ao agente. Como notamos, o efeito ultrativo ou retroativo da lei penal mais benéfica está presente, por isso deve-se estabelecer qual delas traz mais benefício ao agente, pois é a que será aplicada ao caso.

Capítulo 8

Lei penal no espaço

No capítulo anterior, sobre a lei penal no tempo, analisamos e definimos o critério temporal de aplicação e incidêcnia da lei penal. Neste capítulo, trataremos da lei penal no espaço, análise em que levamos em conta o âmbito territorial de sua aplicabilidade. Se a legislação brasileira, em sentido geral, tem aplicação apenas no território brasileiro, precisamos determinar as especificidades de cada disciplina que opera nesse sentido – como é o caso do direito penal.

Dizer que a aplicação da lei penal acontece nos limites de seu território já representa uma definição sobre sua aplicabilidade. Mas ainda resta algo. O que podemos entender por *território*? Há exceções às regras previstas em lei? Existem situações que repercutem de modo próprio ao considerar a territorialidade em direito penal? É para dirimir essas dúvidas que vamos analisar as questões voltadas à lei penal no espaço.

Importante

A lei penal brasileira é sempre aplicada, sem exceção, aos crimes cometidos em nosso território. As exceções se verificam nas situações em que o crime é cometido para além do território nacional e, mesmo assim, aplica-se a legislação pátria.

— 8.1 —
Regra geral

Quando falamos em lei penal no espaço, estamos nos referindo ao âmbito territorial no qual se considera praticada a conduta para que a lei seja aplicada e produza seus efeitos. O ponto fulcral que inicialmente devemos ponderar é a definição da regra que estabelece a possibilidade de aplicação da lei penal de um Estado a determinada infração (o Código Penal brasileiro no território brasileiro), tendo-se a incidência da lei penal material de forma abrangente. Nesse sentido, não estamos abordando a comarca responsável pelo julgamento de determinado crime, mas sim o âmbito territorial de aplicação da lei penal. No que diz respeito à aplicação da lei penal no espaço, temos de nos preocupar com a definição de regras de aplicação da lei penal brasileira para regulamentar suas consequências ao considerar o local de sua prática (Tasse, 2018).

Podemos apontar três teorias existentes que respondem ao questionamento feito com relação a onde o crime é considerado praticado. Vejamos a seguir.

A primeira, **teoria da ação**, ou **teoria da atividade**, determina que o crime é tido como praticado no local em que se efetiva a conduta delitiva.

A segunda, **teoria do resultado**, leva em conta o lugar em que o resultado da ação delituosa se concretiza, ou seja, onde se efetiva a consequência do crime.

A terceira, **teoria mista**, **teoria eclética** ou **teoria da ubiquidade**, estabelece que é indiferente onde acontece a prática delitiva; pode ser tanto o local da ação quanto o do resultado.

No Brasil, adota-se a teoria mista, e é justamente nesse sentido que aponta a previsão legal constante no Código Penal: "Art. 6º Considera-se praticado o crime no lugar em que ocorreu a ação ou omissão, no todo ou em parte, bem como onde se produziu ou deveria produzir-se o resultado" (Brasil, 1940). Portanto, a lei penal brasileira será aplicada tanto nos casos em que a conduta se efetivar no território brasileiro quanto nos casos em que o resultado ocorrer em território brasileiro, visto que a teoria mista, como apontado no fundamento legal, determina que assim seja. Pode acontecer de uma conduta ser praticada no Brasil, mas o resultado ocorrer outro país, ou de uma conduta ser praticada no exterior e ter seus efeitos produzidos no Brasil. Em ambas as situações, a lei penal brasileira deve ser aplicada.

— 8.2 —
Territorialidade

Em que pese territorialidade e extraterritorialidade constituam institutos jurídicos próprios que não necessariamente estão enquadrados na questão da lei penal do espaço, optamos por considerar esses aspectos no âmbito de aplicação da lei penal no espaço, pois dizem respeito justamente aos critérios de onde e como se aplica a norma penal.

Dito isso, por *territorialidade* devemos entender aquilo que é considerado território brasileiro para fins de incidência da lei penal brasileira, pois é segundo essa definição que podemos estabelecer as hipóteses efetivas de quando o sistema penal pátrio produzirá seus efeitos. É essa a forma principal de delimitação do espaço geopolítico em que se considera válida a lei penal (Santos, 2012). De maneira geral, podemos dizer que o território brasileiro é constituído pelas bases físicas em que está limitado o Brasil, e assim é definido pelas regrativas do direito interno e do direito internacional. É isso que estipula a previsão legal do Código Penal brasileiro: "Art. 5º Aplica-se a lei brasileira, sem prejuízo de convenções, tratados e regras de direito internacional, ao crime cometido no território nacional" (Brasil, 1940).

O território brasileiro também é integrado, para fins de aplicação da lei penal, pelo subsolo e pelo espaço aéreo correspondentes ao seu espaço físico, conforme é definido no âmbito do direito internacional. Portanto, aquilo que está abaixo e acima do solo brasileiro é considerado território nacional passível de incidência da norma penal vigente. Logo, o território de um país é o espaço sobre o qual o Estado exerce sua soberania política, constituído pelo solo, pelo subsolo, pelo mar territorial, pela plataforma continental e pelo espaço aéreo correspondente (Santos, 2012), aos quais são aplicáveis a lei penal pátria.

Além disso, para fins penais, podemos considerar como extensão do território brasileiro o que consta expressamente mencionado no parágrafo 1º do art. 5º do Código Penal:

> Para os efeitos penais, consideram-se como extensão do território nacional as embarcações e aeronaves brasileiras, de natureza pública ou a serviço do governo brasileiro onde quer que se encontrem, bem como as aeronaves e as embarcações brasileiras, mercantes ou de propriedade privada, que se achem, respectivamente, no espaço aéreo correspondente ou em alto-mar. (Brasil, 1940)

O território brasileiro também contempla embarcações ou aeronaves mercantes de propriedade privada. Nesse caso, a diferença é notória, sendo necessária uma regrativa própria acerca da incidência da lei penal em situações que envolvam embarcações e aeronaves privadas. Podemos verificar esse aspecto no parágrafo 2º do art. 5º do Código Penal:

> É também aplicável a lei brasileira aos crimes praticados a bordo de aeronaves ou embarcações estrangeiras de propriedade privada, achando-se aquelas em pouso no território nacional ou em vôo no espaço aéreo correspondente, e estas em porto ou mar territorial do Brasil. (Brasil, 1940)

Por fim, em qualquer dos lugares mencionados (e na forma como são considerados) em que ocorra a conduta ou o resultado de determinada prática delituosa segundo a lei penal brasileira, teremos justamente a legislação brasileira incidindo sobre o fato delituoso praticado.

— 8.3 —
Extraterritorialidade

Para além do aspecto da territorialidade, temos algumas situações em que a lei penal brasileira acaba por produzir seus efeitos sobre fatos ocorridos fora de seu território. É o que chamamos de *extraterritorialidade*. São situações **excepcionais** compreendidas como algo para além do território em que está presente a lei penal brasileira e são produzidos seus efeitos. Logo, a extraterritorialidade pode ser definida pela reunião dos princípios da proteção/defesa, da personalidade/nacionalidade e da competência penal universal/cooperação penal internacional (Santos, 2012).

Pelo caráter de excepcionalidade, devemos ter bem definidas as hipóteses de ocorrência desse fenômeno. O próprio Código Penal elenca de maneira taxativa tais situações, com base nas quais podemos fazer a classificação em extraterritorialidade condicionada e extraterritolidade incondicionada.

Designamos como **extraterritorialidade condicionada** as situações em que são estabelecidas as condições necessárias que devem estar presentes para que a lei penal brasileira produza seus efeitos para além dos limites de sua territorialidade. É o parágrafo 2º do art. 7º do Código Penal que estabelece tais condições necessárias, aplicadas quando determinados crimes praticados fora do território nacional também estejam previstos, conforme podemos verificar na redação do inciso II do mesmo dispositivo legal. Portanto, a extraterritorialidade condicionada opera nas hipóteses previstas na lei e quando presentes as condições que a própria lei define. As situações são concomitantes e todas devem ocorrer no caso concreto que se apresente (Tasse, 2018). Vejamos o que diz o Código Penal brasileiro:

> Art. 7º Ficam sujeitos à lei brasileira, embora cometidos no estrangeiro:
>
> [...]
>
> II – os crimes:
>
> a) que, por tratado ou convenção, o Brasil se obrigou a reprimir;
>
> b) praticados por brasileiro;
>
> c) praticados em aeronaves ou embarcações brasileiras, mercantes ou de propriedade privada, quando em território estrangeiro e aí não sejam julgados.
>
> [...]
>
> § 2º Nos casos do inciso II, a aplicação da lei brasileira depende do concurso das seguintes condições:
>
> a) entrar o agente no território nacional;
>
> b) ser o fato punível também no país em que foi praticado;
>
> c) estar o crime incluído entre aqueles pelos quais a lei brasileira autoriza a extradição;
>
> d) não ter sido o agente absolvido no estrangeiro ou não ter aí cumprido a pena;
>
> e) não ter sido o agente perdoado no estrangeiro ou, por outro motivo, não estar extinta a punibilidade, segundo a lei mais favorável. (Brasil, 1940)

Já a **extraterritorialidade incondicionada** ocorre quando não estão estabelecidas as condições necessárias para que a lei penal brasileira produza seus efeitos para além dos limites de sua territorialidade. Inexiste previsão legal que condicione a aplicação da lei penal nesse caso. Na presença das circunstâncias que preveem a incidência da norma penal, bastará o fato para que a extraterritorialidade opere, e a lei penal brasileira será aplicada ao evento ocorrido fora do território nacional independentemente da existência de qualquer condição (Tasse, 2018). As hipóteses desse âmbito de aplicação da lei penal estão previstas no art. 7º, inciso I e parágrafo 1º, do Código Penal:

> Art. 7º Ficam sujeitos à lei brasileira, embora cometidos no estrangeiro:
>
> I – os crimes:
>
> a) contra a vida ou a liberdade do Presidente da República;
>
> b) contra o patrimônio ou a fé pública da União, do Distrito Federal, de Estado, de Território, de Município, de empresa pública, sociedade de economia mista, autarquia ou fundação instituída pelo Poder Público;
>
> c) contra a administração pública, por quem está a seu serviço;
>
> d) de genocídio, quando o agente for brasileiro ou domiciliado no Brasil; [...]
>
> § 1º Nos casos do inciso I, o agente é punido segundo a lei brasileira, ainda que absolvido ou condenado no estrangeiro. (Brasil, 1940)

Assim, a regra para a aplicação da lei penal no espaço deve compreender os limites do território brasileiro. Nesse contexto, devemos considerar o entendimento de território na seara penal, além de ponderarmos as hipóteses de extraterritorialidade condicionada e incondicionada, que constituem exceção à regra de incidência da lei penal brasileira no que diz respeito ao espaço de sua aplicação.

Capítulo 9

Noções gerais sobre norma penal e lei penal

Sob os aspectos conceitual, semântico, etimológico ou qualquer outro definidor de termos, *lei penal* e *norma penal* não se confundem, pois apresentam elementos distintos. Por mais que muitas vezes utilizemos, inclusive neste livro, esses termos como sinônimos, o fato é que, da perspectiva analítica, cada qual tem seu significado. É por assim ser que destinamos este curto capítulo para fazer alguns apontamentos sobre o que é norma e o que é lei, a fim de que o leitor tenha em mente essa diferenciação salutar e necessária.

A norma penal está contida na lei penal, e o inverso não ocorre. Contudo, a norma penal é mais abrangente, e a lei penal se trata de algo mais específico. Assim, a norma penal não necessariamente é a lei penal; aquela é emanada da lei penal, e esta funciona como veículo daquela. Na descrição de uma conduta como crime, não se vislumbra uma norma em sentido próprio, mas sim a lei em seu aspecto formal (Tasse, 2018). Podemos dizer que a norma penal adquire força por meio da lei penal, respeitando-se o princípio da legalidade (Guaragni; Bach, 2014).

Podemos entender a **norma penal** como uma espécie de comando. É o imperativo em sua abstração que faz com que os efeitos de sua determinação venham a ser produzidos. A norma penal pode ser entendida como a expressão dos princípios, por isso está contida na lei penal. A regra mandamental de caráter proibitiva sobre dada conduta é o que verificamos na ideia de norma, da qual podemos extrair determinado senso de justiça construído segundo certo segmento social, o qual é sempre estabelecido por um consenso dos valores que fundam a sociedade na qual está inserido. Logo, a norma penal funciona como uma espécie de ente abstrato que se observa e decorre por lógica quando da análise da lei penal. Tomemos como exemplo a previsão legal do art. 121 do Código Penal, sobre crime de homicídio: "Art. 121. Matar alguém: Pena – reclusão, de seis a vinte anos" (Brasil, 1940).

A norma que extraímos desse tipo penal é o mandamento estatal no qual se proíbe a prática do homicídio. Pelo formato segundo o qual se estrutura a lei penal (com a descrição de um comportamento e a pena consequente prevista sequencialmente), é possível constatarmos o comando que ali está emanado, ou seja, a pretensão do Estado é que não haja a prática da conduta em questão, e esse é justamente seu conteúdo normativo.

Já a **lei penal** é o instrumento no qual está contido o conteúdo normativo. É a regra propriamente dita que aparece em formato escrito. O que objetiva a lei penal é positivar as condutas proibidas pelo Estado, uma vez que são consideradas nocivas aos bens jurídicos tutelados pela norma penal. Podemos, então, considerar a lei penal como uma espécie de instrumento por meio do qual ocorre a explícita manifestação da norma, que deve ser por todos observada e respeitada, dado o caráter imperativo que assume de maneira positivada.

A lei penal, pelo menos a incriminadora, apresenta como estrutura uma divisão em dois preceitos, um distinto do outro, os quais chamamos de *preceito primário* e *preceito secundário*;

este abrange a parte sancionadora, e aquele, a descrição da conduta proibida (Nucci, 2019). No preceito primário, temos o preceito normativo em que está descrita a conduta proibida considerada criminosa. O preceito secundário é constituído sempre pela sanção respectiva que é cominada ao crime, ou seja, trata-se da pena propriamente dita que incide sobre o transgressor da regra posta. A título de exemplo, observemos o quadro a seguir, com o art. 155 do Código Penal:

Quadro 9.1 – Exemplo de preceito primário e preceito secundário

Preceito primário	"Art. 155. Subtrair, para si ou para outrem, coisa alheia móvel: [...]" (Brasil, 1940)
Preceito secundário	"Pena – reclusão, de um a quatro anos, e multa." (Brasil, 1940)

Conforme podemos constatar, o preceito primário é o comportamento vedado, que assume na lei penal a forma descritiva da conduta vedada. No exemplo do crime de furto, observamos que o comportamento proibido é a subtração de coisa alheia móvel, o que caracteriza o preceito primário; o preceito secundário é aquilo que consta como a sanção aplicável. Portanto, podemos considerar como a estrutura da lei penal incriminadora essa divisão em preceitos, também chamada de *tipo penal*, que contempla a descrição de uma ação, de um comportamento, cuja prática é vedada pelo Estado.

Para finalizarmos, podemos verificar, assim, que lei penal e normal penal são coisas distintas, e uma não se confunde com a outra. Da lei penal emana a norma penal, e a norma é o comando que emana da lei. Esta, por sua vez, é o veículo do conteúdo normativo (Tasse, 2018).

> **Importante**
> A norma penal está mais para o abstrato, e a lei penal está mais para o concreto.

Capítulo 10

Classificação das leis penais

Já iniciamos a análise da estrutura da lei penal e estabelecemos o chão principiológico e as questões referentes à incidência da lei penal. Agora, vamos fazer uma análise mais pormenorizada dos elementos que constituem e classificam as leis penais, catalogando, categorizando e explanando algumas de suas espécies.

Para facilitar o enquadramento das espécies de leis penais, neste capítulo, apresentaremos uma classificação de acordo com o sentido atribuído às suas variadas formas, classificando as leis penais em incriminadoras, não incriminadoras e integrativas. Vejamos os tópicos a seguir.

Importante
A relevância da classificação das leis penais é para que possa o intérprete, ao se deparar com cada qual entre suas espécies, reconhecer o tipo analisado sem que descarte o caráter penal quando não se tratar da espécie incriminadora.

— 10.1 —
Leis penais incriminadoras

São aquelas que costumamos designar como *tipos penais*. Definem infrações e estabelecem as respectivas sanções penais (Gonçalves, 2019). É a lei penal em seu formato clássico, e nela estão presentes os preceitos primário e secundário, uma vez que requer a descrição de uma conduta proibida e a sanção atribuída à sua prática, consequência lógica normativa da inobservância da vedação legal.

As leis penais incriminadoras estão presentes na parte especial do Código Penal, além de diversas outras legislações penais esparsas. A seguir, vejamos alguns exemplos:

Furto

Art. 155. Subtrair, para si ou para outrem, coisa alheia móvel:

Pena – reclusão, de um a quatro anos, e multa. [...]

Receptação

Art. 180. Adquirir, receber, transportar, conduzir ou ocultar, em proveito próprio ou alheio, coisa que sabe ser produto de crime, ou influir para que terceiro, de boa-fé, a adquira, receba ou oculte:

Pena – reclusão, de um a quatro anos, e multa.

[...]

Corrupção passiva

Art. 317. Solicitar ou receber, para si ou para outrem, direta ou indiretamente, ainda que fora da função ou antes de assumi-la, mas em razão dela, vantagem indevida, ou aceitar promessa de tal vantagem:

Pena – reclusão, de 2 (dois) a 12 (doze) anos, e multa. (Brasil, 1940, grifo do original)

Portanto, podemos considerar os crimes previstos em seus tipos penais como leis penais incriminadoras.

— 10.2 —
Leis penais não incriminadoras

Nem todas as leis existentes no âmbito do sistema normativo penal são do tipo incriminadoras, pois há a necessidade de que a tipologia penal seja coesa, harmônica como um todo. Por isso, temos outras formas de leis penais, consideradas mesmo quando não preveem determinado crime.

É o caso das leis penais não incriminadoras, em que não há a previsão de uma conduta criminosa, assim, não temos a clássica descrição da ação com a respectiva sanção. Esse tipo de lei penal prevê os pressupostos para aplicação, substituição ou exclusão das sanções penais (Gueiros; Japiassú, 2018).

Podemos classificar as leis penais não incriminadoras em interpretativas (ou explicativas), permissivas (ou exculpantes) e complementares. Vejamos.

Leis interpretativas ou explicativas

São aquelas que fornecem esclarecimento ou explicação sobre determinados conceitos ou elementos normativos do tipo, trazendo a interpretação que se aplica a esses elementos no texto legal que podem eventualmente representar alguma dúvida para o intérprete. Isso ocorre, conforme vimos, pelo fato de que alguns termos presentes na redação dos dispositivos penais necessitam de uma melhor definição.

Como exemplos de leis penais não incriminadoras interpretativas ou explicativas, transcrevemos os dispositivos seguintes do Código Penal:

> **Funcionário público**
>
> Art. 327. Considera-se funcionário público, para os efeitos penais, quem, embora transitoriamente ou sem remuneração, exerce cargo, emprego ou função pública.
>
> § 1º Equipara-se a funcionário público quem exerce cargo, emprego ou função em entidade paraestatal, e quem trabalha para empresa prestadora de serviço contratada ou conveniada para a execução de atividade típica da Administração Pública. [...]
>
> **Violação de domicílio**
>
> Art. 150. [...]
>
> § 4º A expressão "casa" compreende:
>
> I – qualquer compartimento habitado;
>
> II – aposento ocupado de habitação coletiva;
>
> III – compartimento não aberto ao público, onde alguém exerce profissão ou atividade.
>
> § 5º Não se compreendem na expressão "casa":
>
> I – hospedaria, estalagem ou qualquer outra habitação coletiva, enquanto aberta, salvo a restrição do nº II do parágrafo anterior;
>
> II – taverna, casa de jogo e outras do mesmo gênero. (Brasil, 1940, grifo do original)

No primeiro exemplo, temos um dispositivo penal que delimita o que podemos compreender por *funcionário público* na seara penal. No segundo exemplo, o mesmo acontece com o termo *casa* para fins penais. Percebemos, assim, que ambos os dispositivos não trazem a figura de um tipo penal qualquer, mas somente definem ou conceituam elementos normativos, justamente a função dessa espécie de lei penal.

Por fim, podemos dizer que a necessidade das leis penais explicativas decorre da indispensabilidade de uma descrição detalhada e adequada em todos os tipos penais incriminadores (Nucci, 2019).

Leis permissivas ou exculpantes

São aquelas em que consta uma autorização da prática de condutas cuja regra geral se verifica pela sua proibição, o que ocorre somente em determinadas situações, acabando por afastar a ilicitude da prática delitiva com relação à pessoa que a tenha praticado. Nesse caso, trata-se daquilo que o termo *permissivas* compreende. Vejamos um exemplo do Código Penal:

Exclusão de ilicitude

Art. 23. Não há crime quando o agente pratica o fato:

I – em estado de necessidade;

II – em legítima defesa;

III – em estrito cumprimento de dever legal ou no exercício regular de direito. (Brasil, 1940, grifo do original)

Podemos perceber que o dispositivo transcrito não traz nenhuma figura delituosa; ao contrário, prevê hipóteses permissivas de agir em um sentido que, no primeiro momento, poderíamos classificar como contrárias ao ordenamento jurídico, mas que assim deixam de ser em razão dessa espécie de previsão normativa.

Dessa forma, normas penais permissivas são aquelas que preveem a licitude de determinado comportamento mesmo quando este tem enquadramento em alguma descrição típica (Gonçalves, 2019).

Já o termo *exculpantes* refere-se às previsões que afastam a culpabilidade do agente em razão da presença de determinadas circunstâncias quando da prática da ação delituosa, conforme verificamos na lei penal que segue:

> **Inimputáveis**
>
> Art. 26. É isento de pena o agente que, por doença mental ou desenvolvimento mental incompleto ou retardado, era, ao tempo da ação ou da omissão, inteiramente incapaz de entender o caráter ilícito do fato ou de determinar-se de acordo com esse entendimento. (Brasil, 1940, grifo do original)

Nesse exemplo, temos uma hipótese na qual se isenta o agente de pena sob determinadas condicionantes que operam no evento delituoso.

Leis complementares

São aquelas que delimitam a incidência da aplicação da norma, especificando o âmbito de seus efeitos, fornecendo diretrizes, critérios ou ainda princípios gerais para que possa ser aplicada de forma mais adequada a lei penal. Portanto, esclarecem o significado de algumas normas ou limitam sua aplicação (Gonçalves, 2019). A seguir, temos dois exemplos do Código Penal:

> **Anterioridade da Lei**
>
> Art. 1º Não há crime sem lei anterior que o defina. Não há pena sem prévia cominação legal.
>
> **Critérios especiais da pena de multa**
>
> Art. 60. Na fixação da pena de multa o juiz deve atender, principalmente, à situação econômica do réu. [...] (Brasil, 1940, grifo do original)

No primeiro exemplo, está presente o já estudado princípio da legalidade, estipulado em lei penal. No segundo, há um critério que auxilia o juiz em uma sentença condenatória que deve aplicar a multa contra o acusado. Podemos perceber que, em ambas as situações, não temos definição ou previsão de qualquer crime. Antes, trata-se critérios fornecidos para uma melhor e necessária aplicação da lei penal, por isso essa espécie de lei penal é considerada complementar.

— 10.3 —
Leis penais integrativas

Nessa terceira e última classificação da lei penal, temos dispositivos que fornecem um complemento para a estrutura do fato delituoso, integrando a própria tipicidade do fato, fornecendo uma norma de extensão para que assim seja possível ter uma melhor adequação do tipo enquadrado ao fato.

As condutas descritas nas leis penais incriminadoras podem ser praticadas das mais variadas formas, bem como podem contar com a participação de diversas pessoas para sua prática. Também podemos considerar a possibilidade de o agente não conseguir consumar por definitivo o crime pretendido por motivo alheio à sua vontade. Ao analisarmos os tipos penais, nada encontramos a respeito dessas situações. É nesses casos que as leis penais integrativas cumprem a função de complementar, fornecendo a necessária coerência harmônica ao sistema penal.

Vejamos alguns exemplos de artigos do Código Penal que fazem essa complementação:

> Art. 14. Diz-se o crime:
>
> **Crime consumado**
>
> I – consumado, quando nele se reúnem todos os elementos de sua definição legal;
>
> **Tentativa**
>
> II – tentado, quando, iniciada a execução, não se consuma por circunstâncias alheias à vontade do agente.

Pena de tentativa

Parágrafo único. Salvo disposição em contrário, pune-se a tentativa com a pena correspondente ao crime consumado, diminuída de um a dois terços.

[...]

Art. 29. Quem, de qualquer modo, concorre para o crime incide nas penas a este cominadas, na medida de sua culpabilidade.

(Brasil, 1940, grifo do original)

Nesses exemplos, temos as hipóteses dos crimes na modalidade tentada e também aquilo que chamamos de *concurso de pessoas*. Por estarem inseridos na Parte Geral do Código Penal e também por se tratar de leis penais integrativas, funcionam como substrato que preenchem todo e qualquer tipo que aconteça de forma tentada ou com a participação de mais de uma pessoa.

Para finalizarmos este capítulo, ressaltamos a importância de ter em mente que as leis penais existentes não são apenas aquelas incriminadoras, uma vez que podem ter caráter eximente, explicativo ou integrativo, como vimos (Busato, 2015).

Capítulo 11

*Leis penais em branco
e incompletas*

Quanto à classificação das leis penais, podemos ainda considerar que existem algumas que contêm determinados elementos normativos não explicados pelas formas de interpretação da lei penal. Certos tipos penais contam com expressão ou, melhor dizendo, elementos normativos que exigem uma explicação complementar para que possamos considerá-los adequadamente, evitando-se que deixem de produzir seus efeitos por conta do vazio conceitual quando de uma leitura isolada.

A seguir, trataremos das leis penais em branco e das leis penais incompletas. Vejamos.

— 11.1 —
Leis penais em branco

Também chamadas de *leis primariamentes remetidas*, são aquelas cuja redação de algum elemento ou preceito genérico requer a complementação por outra norma, de modo que assim se faz possível a exata compreensão do que consta em seu preceito primário. Dessa forma, o conteúdo é atribuído por outra lei de igual ou diferente víbel (Paschoal, 2015); é uma excepcionalidade conferida como possibilidade ao legislador, uma vez que é imprescindível que, atendendo aos princípios mais básicos do direito penal, a lei seja clara, determinada e aplicável em sua totalidade segundo a exata compreensão que devemos ter quando da leitura de sua redação positivada.

Entre os fundamentos da lei penal em branco, podemos apontar a necessidade de flexibilização e atualização da lei penal e a exigência de conhecimento específico e aprofundado sobre o tema que versa (Guaragni; Bach, 2014).

Importante

Há críticas cabíveis ao fenômeno da lei penal em branco, pois esta exprime a tendência moderna de administrativização do direito penal, conferindo ao Poder Executivo o *jus puniendi* (Santos, 2012).

Alguns autores pugnam pela inconstitucionalidade da lei penal em branco pelo fato de não atenderem aos ditames principiológicos que fundam e orientam o direito penal. Por mais que sejam cabíveis e corretas muitas das críticas, o fato é que a lei penal em branco tem aplicabilidade no direito penal brasileiro e opera e produz seus efeitos como qualquer outro tipo de lei penal.

O complemento deve ser feito por outra lei em um sentido amplo, lato, abrangente, cuja distinção entre as formas complementares da lei é que vai justificar e orientar a diferenciação, a saber, leis penais em branco homogêneas (ou impróprias) e leis penais em branco heterogêneas (ou próprias), classificadas segundo o nível ou o âmbito normativo em que está inserida. Vejamos mais detalhadamente a seguir.

Leis penais em branco homogêneas ou impróprias

São aquelas em que a complementação necessária ocorre por lei de igual nível hierárquico, ou seja, o complemento se situa na mesma fonte formal da lei penal incriminadora – lei por lei. É uma lei propriamente dita, em seu sentido estrito, portanto, que complementa o conteúdo da lei penal em branco homogênea.

Assim, podemos definir a lei penal em branco homogênea como aquela que é complementada por lei de nível hierárquico idêntico (Tasse, 2018). Podemos ver um exemplo na redação de crime previsto na Lei n. 7.492, de 16 de junho de 1986: "Art. 4º Gerir fraudulentamente instituição financeira: Pena – Reclusão, de 3 (três) a 12 (doze) anos, e multa [...]" (Brasil, 1986).

Percebemos que o tipo penal não define aquilo que podemos ou devemos compreender como instituição financeira para os efeitos da lei. Podemos considerar um banco como uma instituição financeira? As lotéricas em que é possível realizar saques e depósitos de determinado banco estatal podem assim ser consideradas? Instituições financeiras que fornecem empréstimos e fazem financiamentos se enquadram nesse termo trazido pela lei? São dúvidas que surgem e acabam por exigir uma complementariedade normativa – daí se tratar de uma lei penal em branco. No exemplo, o complemento que explica o que devemos entender por instituição financeira consta na mesma lei, um exemplo concreto de lei penal em branco homogênea, pois o que explica e complementa o elemento normativo instituição financeira está presente na lei do "mesmo nível", ou ainda no mesmo âmbito normativo em que o termo se situa. É o que observamos na própria Lei n. 7.492/1986:

> Art. 1º Considera-se instituição financeira, para efeito desta lei, a pessoa jurídica de direito público ou privado, que tenha como atividade principal ou acessória, cumulativamente ou não, a captação, intermediação ou aplicação de recursos financeiros (Vetado) de terceiros, em moeda nacional ou estrangeira, ou a custódia, emissão, distribuição, negociação, intermediação ou administração de valores mobiliários. [...] (Brasil, 1986)

Logo, cada vez que nos depararmos com uma norma de complementariedade que delimite a explicação sobre um elemento normativo de alguma lei, cuja norma complementar esteja situada no mesmo âmbito normativo (também lei em sentido estrito), temos a hipótese de lei penal em branco homogênea.

Leis penais em branco heterogêneas ou próprias

São aquelas cuja complementação ocorre por norma de distinto nível hierárquico, ou seja, o complemento está situado em uma fonte de diferente instância legislativa. Portanto, a complementação não vem por meio de uma lei propriamente dita, em sentido estrito, mas sim por uma norma de distinto nível – como decreto, portaria ou outro ato normativo.

Assim, a lei penal em branco heterogênea é aquela que cuja complementação decorre de legislação com nível hierárquico diverso da lei originária (Tasse, 2018). Um exemplo clássico é a Lei de Drogas, em que a expressão *droga* não encontra especificação do que seja na própria lei ou em outra lei. O que devemos considerar por *droga* para fins da tipificação posta na referida lei? Se levarmos em conta o significado do termo, por *droga* podemos considerar a maconha, a cocaína, o álcool, o tabaco, o café e tantas outras substâncias. Mas o elemento normativo presente na Lei n. 11.343, de 23 de agosto de 2006, diz respeito àquelas substâncias consideradas ilícitas, já que o Estado criminaliza o uso de determinadas subtâncias psicotrópicas ao mesmo tempo em que permite a ingestão do álcool sem qualquer espécie de reprimenda na seara penal pelo mero uso.

O complemento, nesse caso exemplificativo, é atualmente dado por preceito administrativo, pois é a Portaria do Ministério da Saúde n. 344, de 12 de maio de 1998, que delimita, estipula e fornece o rol das substâncias tidas como droga para fins penais. Desse modo, podemos verificar que a norma complementar está situada em nível diverso daquele do elemento normativo em questão.

— 11.2 —
Leis penais incompletas

Por fim, temos a existência de determinada lei que, por mais não contenha em si todos os elementos que a constituem como tal, há um remeter para lei outra que fornece essa complementariedade. É o que chamamos de *leis penais incompletas*, as quais também podem ser designadas como *leis penais imperfeitas*. É importante registrar que alguns autores consideram a lei penal incompleta como um gênero em que figuram as espécies permissiva, justificante, complementar e até mesmo a lei penal em branco (Busato, 2015).

Nesse tipo de lei penal, sua estrutura é incompleta, pois nela há tão somente a previsão do conteúdo fático proibido, a descrição da conduta vedada, estando seu preceito secundário previsto em outro dispositivo legal, ou seja, o preceito primário é formado como tal, mas o preceito secundário é o de lei outra a que é remetida. Vejamos o exemplo a seguir, da Lei n. 2.889, de 1º de outubro de 1956, em que está presente o direcionamento da sanção penal para outro dispositivo penal:

> Art. 1º Quem, com a intenção de destruir, no todo ou em parte, grupo nacional, étnico, racial ou religioso, como tal
>
> a) matar membros do grupo;
>
> b) causar lesão grave à integridade física ou mental de membros do grupo;
>
> c) submeter intencionalmente o grupo a condições de existência capazes de ocasionar-lhe a destruição física total ou parcial;
>
> d) adotar medidas destinadas a impedir os nascimentos no seio do grupo;
>
> e) efetuar a transferência forçada de crianças do grupo para outro grupo;
>
> Será punido:

Com as penas do art. 121, § 2º, do Código Penal, no caso da letra a;

Com as penas do art. 129, § 2º, no caso da letra b;

Com as penas do art. 270, no caso da letra c;

Com as penas do art. 125, no caso da letra d;

Com as penas do art. 148, no caso da letra e; (Brasil, 1956)

No tipo penal que define o genocídio, não existe a previsão expressa da sanção penal correspondente. O que há é o remeter para lei outra, de modo que o preceito secundário de outro tipo penal é o mesmo que será considerado para o tipo penal em questão, por isso a lei é dita *incompleta*, uma vez que lhe falta, em sua estrutura, o preceito secundário.

Para finalizarmos o capítulo, vimos que as *leis penais em branco* são assim chamadas porque as normas apresentam preceito primário que contém alguma proibição genérica que impossibilita sua compreensão ou aplicação de maneira isolada. Nesse caso, para que a lei penal possa ser de fato compreendida e venha a produzir seus efeitos, é preciso que seja complementada por outra lei. Na lei penal incompleta, por sua vez, temos o remeter do legislador para outro texto de lei, a fim de que se possa saber qual é a sanção prevista em caso de transgressão de seu preceito primário. Devemos ressaltar, ainda, as críticas a essa espécie por entender que as leis podem até ser consideradas complexas, mas jamais incompletas ou imperfeitas, portanto é incabível tal designação (Nucci, 2019, p. 304).

Capítulo 12

*Outras disposições gerais sobre
a lei penal*

Até aqui, fizemos um apanhado que nos dá base suficiente para compreender a estrutura da norma penal. A classificação, a forma como opera no tempo e no espaço, os elementos que a compõem e diversas outras questões oriundas da teoria da norma penal foram catalogadas e explanadas, de modo que já poderíamos nos dar por satisfeitos tendo em vista a pretensão desta obra.

Entretanto, para evitar que fiquem algumas "pontas soltas", apresentaremos alguns elementos que não conseguimos inserir nas diversas classificações tratadas. São como "sobras" que não podem ser ignoradas. Assim, neste último capítulo, veremos alguns pontos sobre a norma penal que têm sua devida relevância e não puderam ser abordados nas seções anteriores.

Importante

Há diversas outras disposições sobre a lei penal que poderiam ser elencadas neste capítulo. Contudo, entendemos que melhor se adequam a institutos diversos de fora do âmbito da teoria da norma penal, como é o caso dos elementos que compõem a tipicidade, estruturados na teoria geral do crime.

— 12.1 —
Crime complexo

Ocorre quando dois ou mais delitos se fundem e constituem um terceiro (Tasse, 2018). É uma espécie de classificação penal em que é possível vislumbrar a existência de mais de um delito como se fosse um único, seja pelo conflito de bens jurídicos tutelados, seja pela junção de ações proibidas pela norma. Tomemos como exemplo o crime de roubo, capitulado no art. 157 do Código Penal, seguido do crime de constrangimento ilegal, capitulado no art. 146 do Código Penal:

> **Roubo**
>
> Art. 157. Subtrair coisa móvel alheia, para si ou para outrem, mediante grave ameaça ou violência a pessoa, ou depois de havê-la, por qualquer meio, reduzido à impossibilidade de resistência:
>
> Pena – reclusão, de quatro a dez anos, e multa. (Brasil, 1940, grifo do original)
>
> **Constrangimento ilegal**
>
> Art. 146. Constranger alguém, mediante violência ou grave ameaça, ou depois de lhe haver reduzido, por qualquer outro meio, a capacidade de resistência, a não fazer o que a lei permite, ou a fazer o que ela não manda:
>
> Pena – detenção, de três meses a um ano, ou multa. (Brasil, 1940, grifo do original)

O núcleo do tipo "mediante grave ameaça ou violência a pessoa" está para o constranger, o que se constitui em um elemento extra, que vai além, não se exaurindo no próprio constrangimento em si. O constrangimento do crime de roubo se verifica "mediante grave ameaça ou violência a pessoa". O intuito é a subtração de algo de outrem. Portanto, no crime de roubo, existe a fusão de pelo menos outros dois crimes, a saber: o crime de constrangimento ilegal (art. 146 do Código Penal) e o crime de furto (art. 155 do Código Penal).

Na hipótese de crime complexo para o exemplo dado, não se aplica sobre o mesmo fato o crime de constrangimento ilegal cumulado com o crime de furto. Há somente um crime, já que, em direito penal, cada fato corresponde a uma única espécie de crime. Inexiste a possibilidade de dupla imputação penal, pois o crime complexo de roubo já comporta tanto o constrangimento quanto a subtração.

Assim, para concluirmos, podemos dizer que o crime complexo abarca crimes outros que estão, de certa maneira, em sua estrutura, cuja consequência é a aplicação apenas da espécie normativa analisada neste tópico.

— 12.2 —
Contagem de prazo e frações da pena

Em direito penal, contamos o prazo de maneira direta, incluindo dias úteis, finais de semana e feriados. O que consideramos é a natureza material do direito, e não a natureza processual, ou seja, a forma de contabilizar o período correspondente aos delitos se efetiva conforme estipula o Código Penal. A contagem deve ser feita pelo calendário comum, que é o gregoriano, no qual os meses não são contados pelo número de dias, mas de determinado dia do mês à véspera do dia idêntico do mês que segue (Nucci, 2019).

A importância de delimitar a forma de contagem de prazo em direito penal reside no fato de que o aspecto temporal abrange diversos aspectos do direito material. É preciso saber contar o prazo para fins de cálculo da pena, início e término de uma ação penal, prescrição penal e diversos institutos penais que lidam com essa questão. Iniciamos a contagem do prazo da pena no dia da prisão da pessoa ou no dia seguinte? Quando se calcula uma diminuição de pena, o prazo de um dia é dividido pela terça parte e devemos considerar a fração de horas que resta?

Por isso, é fundamental saber a forma de se contar o prazo em direito penal. E isso está previsto no Código Penal: "Art. 10. O dia do começo inclui-se no cômputo do prazo. Contam-se os dias, os meses e os anos pelo calendário comum" (Brasil, 1940).

O dia em que uma conduta é praticada é computado integralmente como o primeiro dia do prazo, independentemente do horário. É importante destacar que se exclui o dia último, evitando-se que alguém cumpra pena por tempo a mais daquele que deve responder. Essa forma de contagem é utilizada para todos os fins no âmbito material, para o período pelo qual alguém deve responder pela sanção imposta e para o cálculo do prazo prescricional de determinado crime, além de outros aspectos que digam respeito à parte material da seara penal.

Quanto ao cálculo de pena, a lei penal prevê situações em que o cômputo é feito por percentual e por frações. Porém, o aspecto temporal mínimo considerado é o dia, não se levando em conta as horas eventualmente resultantes: "Art. 11. Desprezam-se, nas penas privativas de liberdade e nas restritivas de direitos, as frações de dia, e, na pena de multa, as frações de cruzeiro" (Brasil, 1940).

Portanto, no exemplo trazido, em que um dia era dividido por três quando do cálculo de uma pena, a fração de horas (8 horas) seria desconsiderada, pois apenas quando se tem pelo menos um dia completo é que se terá relevância para ser ponderado no cálculo. As frações de um dia, as horas, são simplesmente desprezadas e não são computadas na fixação da pena (Nucci, 2019).

— 12.3 —
Parte geral e parte especial do Código Penal e legislação esparsa

Por mais seja o Código Penal a principal lei de referência da seara penal, não se limita a ele o universo normativo dessa área do direito. A estrutura geral que fornece os elementos necessários para lidar, interpretar, compreender e aplicar os institutos diversos e variados crimes e leis penais estão presentes no Código Penal, que, por isso, já merece destaque. No entanto, existem diversas outras leis que complementam ou até dispõem de forma diversa o modo de aplicação da lei penal.

O **Código Penal** é dividido em duas partes: Geral (do art. 1º ao art. 120) e Especial (do art. 121 ao final).

A **Parte Geral** funciona como um tronco que dá o sustentáculo necessário para a Parte Especial – mas não apenas, pois esse tronco guia e estabelece diretrizes para todo o universo normativo penal. Aplica-se a parte geral a toda a legislação especial, deixando de assim ser apenas quando a lei especial trouxer determinação em sentido contrário (Nucci, 2019). Questões como as tantas que abordamos neste livro — pena, teoria geral do crime, causas de extinção da punibilidade etc. — encontram-se ordenadas e previstas na Parte Geral do Código Penal.

A **Parte Especial** contém um rol de diversos crimes em espécie, tais como o homicídio (art. 121), o furto (art. 155), o estupro (art. 213) e a concussão (art. 316). Assim, para além ter aplicabilidade para sua Parte Especial, as previsões presentes no Código Penal se aplicam a legislações outras: "Art. 12. As regras gerais deste Código aplicam-se aos fatos incriminados por lei especial, se esta não dispuser de modo diverso" (Brasil, 1940).

Por fim, temos ainda a **legislação esparsa**, pois o direito penal não se resume ao Código Penal. Há uma enormidade de leis penais que complementem o universo normativo da seara penal, como é o caso da Lei de Drogas, da Lei Maria da Penha, da Lei de Crimes contra o Sistema Tributário e tantas outras que estão para além do Código Penal.

Considerações finais

Encerramos nossa abordagem sobre a teoria da norma penal. Como adiantamos, não fizemos uma análise ampla e sistemática sobre a matéria, até mesmo por não ser essa nossa pretensão. Antes, apontamos para as linhas gerais que fornecem os elementos estruturantes para a norma penal, para que seja examinada e compreendida de forma analítica.

Esperamos ter lançado um olhar, crítico quando cabível, sobre questões tantas que dizem respeito à norma penal. Seus elementos, sua estrutura, suas razões de ser, suas classificações possíveis e suas conceituações foram tratadas nesta obra com algumas explicações que consideramos pertinentes para permitir ao leitor um estudo concatenado, que sirva de porta de entrada para um devido e necessário aprofundamento.

Não desejamos fazer pouco do que trouxemos. A ressalva é necessária em razão de um fenômeno que vem cada vez mais ganhando espaço na bibliografia jurídica: a estandardização do direito e a massificação do ensino, e assim pouco se lê, muito pouco se estuda e, quando muito, tudo é feito por meio de obras resumidas ou facilitadas que ensinam apenas a decorar, e não a pensar. Neste livro, não tropeçamos nessas problemáticas e, ao mesmo tempo, não era nossa pretensão elaborar uma obra estruturada com a complexidade inerente ao fenômeno jurídico.

A forma como dividimos os capítulos levou em conta tanto a adequação que entendemos como mais lógica quanto a didática, com o fito de melhor se assimilar o conteúdo, permitindo ao leitor a compreensão geral dos elementos da norma penal. Em outras obras da área, pode ser vista uma inversão da ordem capitular como aqui se fez, ou ainda a presença de alguns elementos que aqui não constam, bem como a ausência de outros abordados neste livro. Essas diferenças, incluindo as divergências, são normais e salutares, fazem parte da estrutura jurídica complexa na qual está inserida a norma penal.

Por fim, fica nosso agradecimento ao leitor que até aqui nos acompanhou e deixamos nosso desejo de que prossiga com os estudos com o olhar crítico de que o direito penal tanto necessita, para que tenhamos alguma perspectiva das inúmeras mudanças que se fazem necessárias nesse amplo universo jurídico.

Referências

BARATTA, A. **Princípios do direito penal mínimo**: por uma teoria dos direitos humanos como objeto e limite da lei penal (o humanismo crítico do professor Alessandro Baratta pelo professor Francisco Bissoli Filho). Florianópolis: Habitus, 2019.

BITTENCOURT, C. R. **Tratado de direito penal**. 26. ed. São Paulo: Saraiva Educação, 2020. v. 1.

BRASIL. Constituição da República Federativa do Brasil de 1988. **Diário Oficial da União**, Brasília, DF, 5 out. 1988. Disponível em: <http://www.planalto.gov.br/ccivil_03/constituicao/constituicao.htm>. Acesso em: 16 abr. 2021.

BRASIL. Decreto-Lei n. 2.848, de 7 de dezembro de 1940. Código Penal. **Diário Oficial da União**, Brasília, DF, 31 dez. 1940. Disponível em: <http://www.planalto.gov.br/ccivil_03/decreto-lei/del2848compilado.htm>. Acesso em: 16 abr. 2021.

BRASIL. Lei n. 2.889, de 1º de outubro de 1956. Define e pune o crime de genocídio. **Diário Oficial da União**, Brasília, DF, 2 out. 1956. Disponível em: <http://www.planalto.gov.br/ccivil_03/leis/l2889.htm>. Acesso em: 16 abr. 2021.

BRASIL. Lei n. 7.492, de 16 de junho de 1986. Define os crimes contra o sistema financeiro nacional, e dá outras providências. **Diário Oficial da União**, Brasília, DF, 18 jun. 1986. Disponível em: <http://www.planalto.gov.br/ccivil_03/leis/l7492.htm>. Acesso em: 16 abr. 2021.

BRASIL. Lei n. 9.503, de 23 de setembro de 1997. Institui o Código de Trânsito Brasileiro. **Diário Oficial da União**, Brasília, DF, 24 set. 1997. Disponível em: <http://www.planalto.gov.br/ccivil_03/leis/l9503compilado.htm>. Acesso em: 16 abr. 2021.

BRASIL. Lei n. 11.343, de 23 de agosto de 2006. Institui o Sistema Nacional de Políticas Públicas sobre Drogas–Sisnad; prescreve medidas para prevenção do uso indevido, atenção e reinserção social de usuários e dependentes de drogas; estabelece normas para repressão à produção não autorizada e ao tráfico ilícito de drogas; define crimes e dá outras providências. **Diário Oficial da União**, Brasília, DF, 24 ago. 2006. Disponível em: <http://www.planalto.gov.br/ccivil_03/_Ato2004-2006/2006/Lei/L11343.htm#view>. Acesso em: 16 abr. 2021.

BRASIL. Supremo Tribunal de Justiça. Súmula 17. **RSSTJ**, a. 1, n. 1, p. 391-409, nov. 2005. Disponível em: <https://www.stj.jus.br/docs_internet/revista/eletronica/stj-revista-sumulas-2005_1_capSumula17.pdf>. Acesso em: 16 abr. 2021.

BRASIL. Supremo Tribunal de Justiça. Súmula 96. **RSSTJ**, a. 4, n. 7, p. 63-88, maio 2010. Disponível em: <https://www.stj.jus.br/docs_internet/revista/eletronica/stj-revista-sumulas-2010_7_capSumula96.pdf>. Acesso em: 16 abr. 2021.

BUSATO, P. C. **Direito penal**: Parte Geral. 2. ed. São Paulo: Atlas, 2015.

CHAVES JÚNIOR, A.; OLDONI, F. **Para que(m) serve o direito penal?**: uma análise criminológica da seletividade dos segmentos de controle social. Rio de Janeiro: Lumen Juris, 2014.

DISSENHA, R. C. Bem jurídico penal supraindividual e a obrigatoriedade de repressão? **Revista Jurídica – Unicuritiba**, Curitiba, v. 1, n. 30, p. 284-311, 2013.

DWORKIN, R. **O império do direito**. 3. ed. São Paulo: M. Fontes, 2014.

FERRAJOLI, L. **Direito e razão**: teoria do garantismo penal. 4. ed. São Paulo: Revista dos Tribunais, 2014.

FOUCAULT, M. **Vigiar e punir**: nascimento da prisão. Petrópolis: Vozes, 1987.

FRIEDE, R. **Ciência do direito, norma, interpretação e hermenêutica jurídica**. 9. ed. Barueri: Manole, 2015.

GONÇALVES, V. E. R. **Curso de direito penal**: Parte Geral – arts. 1º a 120. 3. ed. São Paulo: Saraiva Educação, 2019.

GUARAGNI, F. A.; BACH, M. **Norma penal em branco e outras técnicas de reenvio em direito penal**. São Paulo: Almedina, 2014.

GUEIROS, A.; JAPIASSÚ, C. E. **Direito penal**. São Paulo: Atlas, 2018.

NUCCI, G. de S. **Curso de direito penal**: Parte Geral – arts. 1º a 120 do Código Penal. 3. ed. Rio de Janeiro: Forense, 2019.

PASCHOAL, J. C. **Direito penal**: Parte Geral. 2. ed. Barueri: Manole, 2015.

SANTOS, J. C. dos. **Direito penal**: Parte Geral. 5. ed. Florianópolis: Conceito Editorial, 2012.

SEMER, M. **Princípios penais no estado democrático**. São Paulo: Estúdio Editores, 2014.

STRECK, L. L. **O que é isto**: decido conforme minha consciência? 4. ed. Porto Alegre: Livraria do Advogado, 2014.

STRECK, L. L. **Juiz não é Deus**: juge n'est pas Dieu. Curitiba: Juruá, 2016.

STRECK, L. L. **Verdade e consenso**. 6. ed. São Paulo: Saraiva, 2017.

TASSE, A. El. **Manual de direito penal**: Parte Geral. Florianópolis: Tirant Lo Blanch, 2018.

ZAFFARONI, E. R. **O inimigo no direito penal**. 3. ed. Rio de Janeiro: Revan, 2007.

Sobre o autor

Paulo Silas Filho é professor de Processo Penal e de Direito Penal no Centro Universitário Internacional Uninter e na Universidade do Contestado (UnC). Mestre em Direito pelo Centro Universitário Internacional Uninter. Especialista em Ciências Penais pela Universidade Anhanguera, em Direito Processual Penal também pela Universidade Anhanguera e em Filosofia pela Universidade Estácio de Sá. Pós-graduando *lato sensu* em Teoria Psicanalítica pela Faculdade Venda Nova do Imigrante (Faveni). Bacharelando em Letras – Português pelo Centro Universitário Internacional Uninter. Membro da Comissão de Defesa das Prerrogativas Profissionais da Organização dos Advogados do Brasil, seção

Paraná (OAB/PR). Membro da Comissão de Assuntos Culturais da OAB/PR. Membro da Rede Brasileira de Direito e Literatura. Diretor de Relações Sociais e Acadêmicas da Associação dos Advogados Paranaenses. Advogado.

Impressão: Forma Certa Gráfica Digital
Maio/2023